北海道から九州まで、
全国の地下鉄を
路線別に徹底解説！

地下鉄の魅力大研究

渡部史絵
Watanabe Shie

天夢人
Temjin

はじめに

　日本において大都市圏の移動といえば、「地下鉄」だ。そんな地下鉄が誕生してきた歴史と現状を、詳細なデータや資料から振り返ってみることにしよう。

　我が国は、発展と近代化のために、国土いっぱいに線路を敷いてきた。これを国策として始めたのは、明治の頃までさかのぼる。のちに輸送の主役は、船舶から鉄道になり、大正、昭和の頃になると、都市部には鉄道や自動車を始めとした様々な移動手段が登場した。

　地上を埋め尽くす建物や交通機関。さらに、所狭しと路面電車も走る。地上はまさに飽和状態と化した。混雑する地上を避け、地下にトンネルを掘り、鉄道を走らせる。地下鉄の父と言われた「早川徳次」は、1914（大正3）年8月に視察に訪れたロンドンで、その「地下鉄」に乗り、「東京に地下鉄は絶対に必要だ。」と述べた。

　それから13年後の1927（昭和2）年12月30日。東洋で初めての地下鉄が、浅草駅〜上野駅間で開業した。当時としては、徹底的に安全に配慮した保安装置や信号システム、明るく黄色に塗られた鉄製の車両など、煌びやかでワクワクする近代的な乗り物の象徴だったという。当時の江戸っ子は大喜びで、日々地下鉄の出入口には、行列ができていたそうだ。（現在の東京メトロ銀座線の一部にあたる）。

　それからさらに、96年が経った現代。首都・東京には、東京メトロと都営地下鉄を合わせて13路線。さらに札幌、仙台、横浜、名古屋、京都、大阪、神戸、福岡と日本の至る主要都市に地下鉄が誕生している。大都市圏

の移動手段の主役と言ってもいいだろう。

　生活においても「地下鉄」の存在は重要で、都市部のライフライン的な役割を担っている。さらに都市部から離れた郊外においても、郊外線（JRや私鉄など）と相互直通運転を行い、都心に乗り換えなしで、ダイレクトに移動できる公共交通機関としても、その能力を発揮している。

　本書は、我が国における地下鉄各路線の計画から現在までの歴史、現役の車両から引退した車両、現在の施設などの詳細と、取材に基づいたデーターなどから図表をまとめたものである。

　本書を手にした方々は、地下鉄の調査などに、ぜひご活用いただければ、この上ない幸いである。

　なお、今回の書籍における日本の地下鉄は、鉄道統計年報による国土交通省が地下鉄事業者として認識している地下鉄、および、一般社団法人・日本地下鉄協会（日本の地下鉄事業者が構成する社団法人）で定められているものを紹介させていただいた。

　そのため、長野電鉄の一部地下区間や、東京臨海高速鉄道（りんかい線）、首都圏新都市鉄道（つくばエクスプレス）、その他名古屋鉄道や西大阪高速鉄道、中之島高速鉄道の地下区間など、他にも多数存在する一部の地下区間に関しては、今回の地下鉄カテゴリーからは除外している。

　これらもすべて記すとなると、限りある紙面の都合上、非常に難しいものとなるので、皆さまにおかれましては、どうか、悪しからず諸事情をご了承いただきたいと思う。

2023 年7月

渡部史絵

地下鉄の魅力大研究●目次

はじめに……2

関東エリア

[東京メトロ路線図]……8
銀座線……10 ／丸ノ内線……18 ／日比谷線……24 ／東西線……30
千代田線……36 ／有楽町線……42 ／半蔵門線……48 ／南北線……54
副都心線……60
[都営地下鉄路線図]……66
浅草線……68 ／三田線……74 ／新宿線……80 ／大江戸線……86
[横浜市営地下鉄路線図]……93
ブルーライン……94 ／グリーンライン……98

北海道エリア

[札幌市営地下鉄路線図]……103
南北線……104 ／東豊線……108 ／東西線……110

東北エリア

[仙台市地下鉄路線図]……113
南北線……114 ／東西線……117

中部エリア

[名古屋市営地下鉄路線図]……121
東山線……122 ／名城線・名港線……125 ／鶴舞線……128
桜通線……130 ／上飯田線……132

近畿エリア

[Osaka Metro 路線図]……136
御堂筋線……138 ／谷町線……142 ／四つ橋線……144 ／中央線……146
千日前線……148 ／堺筋線……150 ／長堀鶴見緑地線……152
今里筋線……154

[京都市営地下鉄路線図]……157
烏丸線……158 ／東西線……162
[神戸市営地下鉄路線図]……165
西神・山手・北神線……166 ／海岸線……170

九州エリア

[福岡市地下鉄路線図]……173
空港線・箱崎線……174 ／七隈線……178

その他の地下鉄の仲間

北総鉄道◇北総線……182
東葉高速鉄道◇東葉高速線……184
埼玉高速鉄道◇埼玉高速鉄道線……186
横浜高速鉄道◇みなとみらい線……188
広島高速交通◇広島新交通1号線（アストラムライン）……190

思い出の車両

❶営団地下鉄2000形 ❷営団地下鉄500形……6
❸営団地下鉄3000系 ❹営団地下鉄5000系……92
❺営団地下鉄6000系 ❻都営地下鉄5000形……101
❼横浜市営地下鉄1000形 ❽名古屋市営地下鉄300形……107
❾札幌市営地下鉄2000形 ❿札幌市営地下鉄6000形……134
⓫大阪市営地下鉄60系 ⓬大阪市営地下鉄30系……156

※ホームドアについては、扉が天井付近まで達しているフルスクリーンタイプ、天井まで届いていないハーフタイプの可動式ホーム柵などがあり、これら全てを「ホームドア」として表記している。

関東エリア

東京メトロ

銀座線／丸ノ内線／日比谷線／東西線／千代田線
有楽町線／半蔵門線／南北線／副都心線

都営地下鉄

浅草線／三田線／新宿線／大江戸線

横浜市営地下鉄

ブルーライン／グリーンライン

南北線は↑
浦和美園まで直通運転

副都心線は小川町まで
有楽町線は森林公園まで直通運転

和光市
地下鉄成増
地下鉄赤塚
平和台
氷川台
副都心線
有楽町線
小竹向原
千川
要町
池袋

赤羽岩淵
志茂
南北線
王子神谷
王子
西ケ原
駒込
町屋

副都心線・有楽町線は
飯能まで直通運転

東池袋
新大塚
雑司が谷
護国寺
茗荷谷
本駒込
西日暮里
千駄木
上野広小路
根津
本郷三丁目
上野
稲

東西線は
三鷹まで直通運転

丸ノ内線
早稲田
江戸川橋
後楽園
飯田橋
御茶ノ水
新御茶ノ水
湯島
仲御徒
末広町
秋葉原
淡路町
神田

東西線
落合
高田馬場
西早稲田
有楽町線

荻窪
南阿佐ケ谷
中野
新中野
丸ノ内線
新高円寺
東高円寺
中野坂上
西新宿
東新宿
新宿
神楽坂
市ケ谷
九段下
神保町
竹橋
二重橋前
大手町
東京
京橋
八丁
有楽
新富町

新高円寺
中野富士見町
中野新橋
方南町

新宿三丁目
副都心線
新宿御苑前
四谷三丁目
四ツ谷
永田町
国会議事堂前
半蔵門
桜田門
日比谷
霞ケ関

代々木公園
北参道
明治神宮前

代々木上原
千代田線
赤坂見附
麹町
赤坂

千代田線は
伊勢原まで直通運転

青山一丁目
外苑前
表参道
乃木坂
六本木
一丁目
六本木
虎ノ門ヒルズ
虎ノ門
神谷町
溜池山王
新橋
銀座
築地
東銀座

渋谷
半蔵門線
東急線

広尾
麻布十番
南北線

中目黒
日比谷線
恵比寿
白金高輪
白金台
目黒

中央林間まで
直通運転
半蔵門線は

南北線は
海老名、湘南台まで
直通運転

副都心線は元町・中華街、
海老名、湘南台まで直通運転

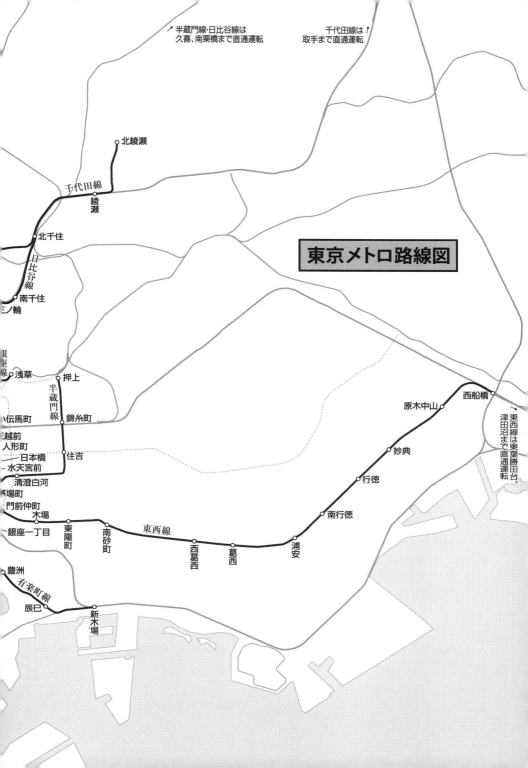

半蔵門線・日比谷線は
久喜、南栗橋まで直通運転

千代田線は
取手まで直通運転

北綾瀬

千代田線

綾瀬

北千住

日比谷線

南千住

三ノ輪

東京メトロ路線図

銀座線

浅草

押上

西船橋

原木中山

人形町

住吉

半蔵門線

錦糸町

越前

日本橋

水天宮前

清澄白河

深川

門前仲町

木場

妙典

行徳

南行徳

東西線

銀座一丁目

東陽町

南砂町

西葛西

葛西

浦安

豊洲

有楽町線

辰巳

新木場

東西線は東葉勝田台、
津田沼まで直通運転

銀座線

概要

銀座線は1927（昭和2）年12月30日に開業した東洋初の地下鉄路線である。最初に開業したのは、浅草駅〜上野駅間の2.2km。営団地下鉄の前身である「東京地下鉄道」が建設し、当時東京で最も賑やかな歓楽街を地下で結んだ。

現在は浅草から銀座、新橋、虎ノ門、赤坂見附を経由して、渋谷に至る全長14.2kmの路線に成長している。東京メトロの路線は、建設が始まった方向に起点を置くため、銀座線は浅草が起点で終点が渋谷となる。丸ノ内線開業前までは、浅草から渋谷方向を下り、逆を上りと呼んでいたが、東京駅を通過する丸ノ内線に下り、上りは不向きということで、起点から終点をA線、逆をB線と改めた。

沿線は下町情緒あふれる街並みだが、銀座などの高級歓楽街、赤坂などのオフィス街などもあり、特色ある街並みを体験することができる。

また浅草では百貨店の「松屋」、上野広小路では「松坂屋」、銀座では「松屋」「三越」などの商業施設に直結するため、過去にはデパート巡り乗車券なるものも存在していた。

路線識別色は「オレンジ」、シンボルは「G」である。なお、東京の地下鉄の路線識別色は、昭和40年代に旅客サービスの一貫として、路線の識別ができるようにと設定したものである。

銀座線に関しては開業当初、黄色い車両で運用をしていたが、車体補修のたびに塗り重ねて赤みが強くなり、橙色になった。そのイメージから「オレンジ色」が採用されている。

駅番号は渋谷をG01としたため、終端側から番号が増えていく。これはA線B線とは関係なく、路線の西の方角から01番としたためで、起点と駅番号が反対となる路線も多い。

軌間は新幹線と同じ1435mmの標準軌を採用しているが、集電方式は第三軌条方式となっている。この方式は、走行用のレールとは別に、送電用のレールを設置し、車両の台車枠に取り付けている集電靴を使って、送電レール集電を行う方式である。

建設は東京地下鉄道が浅草駅〜新橋駅間、東京急行電鉄系の前身でもある東京高速鉄道が新橋駅〜渋谷駅間を建設した。そのうち、東京地下鉄道が建設した浅草駅〜新橋駅間は、2008（平成20）

年8月29日に、社団法人「土木学会」から土木学会選奨土木遺産に認定されており、選定理由としては鉄鋼框や、トンネル内のアーチ構造など「土木の歴史的にも貴重な構造物が多く存在する。」としたものである。

また、2009（平成21）年2月6日には銀座線をはじめ、公益財団法人・メトロ文化財団の地下鉄博物館に静態保存されている初代銀座線車両1000形（1001号車）が、経済産業省より近代化産業遺産に認定されている。長い歴史の過程で駅やホームが旧式の仕様になっていたが、2回目の東京オリンピックが開催される予定だった2020（令和2）年に向けて、2015（平成27）年頃から駅やホーム、コンコースのリニューアル工事が進められた。

様々なコンセプトによってデザインが一新されており、例えば浅草駅は「祭り」をテーマにしている。プラットホームの壁や天井を、寺社で使われる「べんがら色（濃い赤色イメージ）」で塗色し、神田駅では土木遺産に認定された「鉄鋼框」を、ガラスの柱に納めて可視化にするなど、まさに文化的なリニューアルといったところである。

そのほか、まるで恐竜の背骨の中にいるようなM型アーチを採用した渋谷駅のプラットホームも珍しく、銀座線各駅を巡ってみると、その工夫やこだわりが楽しめる。東京メトロにとっても銀座線は、原点であり、長い歴史を継続しながらも、

常に最先端の技術を取り入れているのがわかる。

車両

我が国で初めて地下鉄車両が製造されたのも、もちろん銀座線の車両からである。1927（昭和2）年に、東京地下鉄道が開業と併せて導入した1000形は10両。両端に運転台を備える電車で、当時としては珍しく木造ではなく、イエローボディの鋼鉄製の車両であった。イエローにした理由は、暗いトンネル内でもよく見えるようにと配慮したものである。のちに「警戒色」の原型と呼ばれるようになった。

1000形の正式名称は「オールスチールド・オーバーラウンルーフ形、ダブルエンド貫通式ボギー車」と言われていた。元々アメリカから輸入された鋼板を使用していたため、そのような名称がついたのだろうか。もしくは、先進性を表現したものであろう。

我が国初の地下鉄車両は、地下を走るという特殊条件から様々な保安設備が採用され、その中でも自動列車停止装置は画期的なもので、運転士が赤信号で列車の走行を続けようとすると、自動的に非常ブレーキがかかるようになっている。

これは「打ち子式」と呼ばれ、信号機手前の軌道に、赤信号の際にはせりあがる打ち子アームを設置し、そのアームが車両下部に設置された「ブレーキ管」を

開き、自動的に列車を停車させるという
もの。単純ではあるが、この構造による
故障も少なく、信頼できるシステムとし
て、1993（平成5）年まで使用されていた。
　また、自動ドアや間接照明が採用され
るなど、当時の国鉄車両や大手私鉄車両
と比べるととても豪華な車両であった。
1000形は銀座線が延伸し続ける度に増
備が続けられ、1931（昭和6）年頃に改
良型の1100形が9両、1934（昭和9）
年に1200形が24両導入された。
　初期の銀座線といえば、渋谷方面から
延伸を続けた東京高速鉄道の存在も忘れ

てはならない。同社が1937（昭和12）
年に唯一製造した100形は、車体規格は
1000形を基準としているものの、主電
動機が1000形の場合2つ搭載している
のに対して、100形は2倍の4つも搭載し
たパワフルな車両であった。車内は1000
形ほど豪華なものではないが、当時とし
ては最先端の技術が採用されていた。
　1941（昭和16）年に東京地下鉄道と
の統合によって営団地下鉄となった時、
1000形に合わせてイエローボディになっ
たが、形式名称は100形のまま運用が続
けられた。

現在の銀座線の主力1000系

戦後、高度成長期になっても銀座線は開業時から運用を続ける1000形などの旧型電車を混合させた凸凹編成が運用され続けた。1983（昭和58）年にはアルミ合金車体の01系が登場し世代交代した。

01系にも当時の新しい技術が採用され、制御器も当時最先端の技術であるチョッパ制御が採用された。車内では各ドア上部に「車内案内表示器」が取り付けられ、路線図上で列車の位置や進行方向が示され、旅客案内のサービス向上が図られた。

また台車などにも工夫が施され、曲線の多い銀座線用にと開発された、空気バネ式の台車は、乗り心地を飛躍的に改善させた。その成果が、1985（昭和60）年に鉄道友の会から贈られる「ローレル賞」の受賞に繋がったことも特記すべきであろう。

2004（平成16）年に東京メトロになってからも多大なる功績と、共に長らく銀座線で活躍を続けた01系だが、2012（平成24）年に後継車両である現在の1000系が登場し、代替わりした。

現在は6両編成の1000系電車が40編成在籍しており、開業当時の1000形の

1000系のうち39・40編成はレトロ調車両

イメージを象り、モダンで歴史ある銀座線らしい姿をしている。外観はアルミ車体で、従来の新型車両の流れを汲みつつも、デザインは開業当初の初代1000形を彷彿させるレトロ調の車体である。車体全体を覆うイエローに、01系時代のオレンジの細帯を継承したフルラッピング仕様である。

　一方、最新技術も取り入れており、車内には液晶ディスプレイ式の車内案内表示器を1箇所につき3つ取り付けている。車内照明は蛍光灯からLED式のものに変更、車両間の貫通扉はガラス戸になり、隣の車内まで見渡すことができるため、開放感がある。

　台車は1000系のために研究・開発されたSC101形台車。これは自己操舵機能を有しており、曲線走行性能が飛躍的に向上しているものである。

　全40編成が製造されており、第39、40編成の2本は、地下鉄開業90周年を記念して登場した。従来の1000系に比べて、車内などのイメージを変更した特別仕様となっている。さらにこの2本はイベント用として使用されることも想定されており、往年の1000形のイメージに近づけている。前照灯を1灯とし、外観のラッピングもリベット窓抑えなどが表現されており、車内には非常灯も設置しており、室内灯が消えて、非常灯が点灯するギミックも盛り込まれている。

　なお、1000系は2013（平成25）年に鉄道友の会から贈られる「ブルーリボン賞」を受賞しており、地下鉄車両における同賞の受賞は、初めての快挙だという。

歴史

　東京に地下鉄が建設された理由は、東京都（当時は東京市）が人口増加によって、交通混雑が深刻化していたためである。問題の打開策として地下にトンネルを掘り、そこに鉄道を通すという「地下鉄道」の建設が始まったのだ。

　元々の発端は、日本における地下鉄の父と呼ばれる早川徳次が、1914（大正3）年にロンドンを訪れた際に地下鉄を視察し、「東京の混雑する地上を路面電車で走るのではなく、地下を鉄道が通れば、混雑を解消できるかもしれない。」と考えたからだ。

　東京地下鉄道株式会社の設立は、1920（大正9）年8月29日。専務取締役に自らが納まった早川徳次は、地下鉄事業を推進させるために、土木学会・初代会長で工学博士の古市公威に地下鉄構想を懇願していた。実質のところ、早川が事業を牽引して行ったが、日本で例がないと言うこともあり、事業を進めていくにあたり数々の困難があったという。

　開業したのは1927（昭和2）年12月30日。東京地下鉄道として、浅草駅～上野駅間2.2kmという短い区間ではあったものの、これが今日の東京メトロ銀座線の始まりの1ページである。

　開業初日の上野駅などでは、新しい交

通機関を体験しようと、多くの人が押し寄せ、大盛況であったと伝えられている。そして、2年後の1930（昭和5）年1月1日に、上野から万世橋まで、1931（昭和6）年11月21日に万世橋から神田まで、1932（昭和7）年4月29日に神田〜三越前と延伸し、最終的には1934（昭和9）年6月21日に、新橋まで開業した。

一方、渋谷から新橋間は東京高速鉄道が建設を行い、1939（昭和14）年1月15日までに全線開業し運行を開始した。渋谷駅では東横百貨店が建設され、ホームは同ビル3階の中に設置された。青山六丁目（現・表参道）駅から向かった電車が渋谷駅直前で地上に現れ、高架線でそのまま駅ビルに突入していく姿は、当時の子供達にとって、近未来的に見えたことであろう。その後の渋谷駅の象徴にもなった。

東京高速鉄道は、現在の東京急行電鉄のルーツとなっている東京横浜電鉄、目黒蒲田電鉄などの取締役であった五島慶太による鉄道だ。東京地下鉄道と東京高速鉄道は、新橋駅で乗り換えができるようになっていたが、1939（昭和14）年9月16日から東京地下鉄道のホームを用いて、両社による相互直通運転を開始した。これが現在の銀座線の姿である。

また、当時東京の地下鉄は東京地下鉄道と東京高速鉄道の2社が行っていたが、新線の巨額な建設資金や、戦中悪化による様々な困難、開業後の経営にも様々な問題が残っていた。当時の政府は、その後の地下鉄建設拡充に暗い影を落としかねないと判断し、帝都高速度交通営団法を成立させ、都内と付近の地下鉄整備を図ることにした。

1941（昭和16）年7月4日に、帝都高速度交通営団（営団地下鉄）が創立。同年9月1日には、東京地下鉄道と東京高速鉄道を譲り受け、浅草〜渋谷の既存路線、今後建設する予定の未成線は、全て営団が担うことにした。

しかし、戦況はさらに悪化していった。故障車両の復旧や部品調達が困難となりながらも、運行を確保しようと徴兵された男性職員に代わり、女性職員がハンドルを握るなど、絶え間ない努力を続けていた。特に1945（昭和20）年1月27日の銀座空襲の際には、銀座駅に直撃弾が命中。トンネル崩壊は免れたものの、構築部分に被害を受け、現在でもその痕跡が残るという。

終戦時には在籍車両が84両あったが、そのうち稼働できる車両はわずか24両。しかしながら施設の大部分が地下という条件ゆえに、他の交通と比べて被害は少なく、復旧も早かったという。戦後高度成長に入ると、輸送力の向上のために、増発もたくさん行われ、それに伴う新線開業も計画された。

ところで「銀座線」という名称だが、当時は地下鉄路線も1系統のみだったため使われておらず、単に「地下鉄」と呼ばれていた。この路線に名称がついたのは、1953（昭和28）年12月1日、丸ノ

移設により未来的な姿に変わった渋谷駅

内線開業直前の時であった。

　その後、銀座線は赤坂見附駅で丸ノ内線と接続。方向別に対面乗り換えが可能となり、銀座線の車両は丸ノ内線に乗り入れて、中野の車両工場に回送することも可能になった。これは、戦前設計によって、上野にある車両基地では手狭になっていたためで、銀座線にとっても都合が良く、安定した保守修繕にも役立っている。

　また、すでに銀座線自体も膨張し続ける輸送人員に対応すべく、1948（昭和23）年に「輸送復興5ヵ年計画」を策定し、保有車両の整備の推進、新造車両15両の導入。3両編成による2分30秒間

隔運行の実現、渋谷の車両基地の拡張を掲げた。

　しかしながら、その後も輸送人員は増加を続け、3両編成から4両編成、5両編成と増やしていき、現在の6両編成での運行計画に踏み切った。しかし、編成を長くするためには、トンネルやホームの改良工事が不可欠で、1953（昭和28）年7月渋谷の車両基地拡張から始まった輸送増強計画は、長い歳月を要した。

　なお、銀座線において終日6両編成運行になったのは、1966（昭和41）年1月6日からだが、当時ホームの改良工事が済んでいなかった末広町、稲荷町、田原町の3駅においては、一部車両のドア

締切りにて対応していたという。

　また 1978（昭和 53）年 8 月 1 日には、表参道駅にて半蔵門線とのホーム共同化に伴い、浅草方向に 180m 移設をした。千代田線とも中央部分で交差乗り換えが可能になり、利便性が向上した。

　このころ銀座線では、戦前生まれの車両がまだ存在していた。そのため、他の営団路線に比べて車両の老朽化が目立つようになり、編成こそ 6 両編成と長大化されたが、時代背景が異なる凸凹編成で運転されていた。

　転機が訪れたのは、1984（昭和 59）年 1 月 1 日で、アルミ車体の真新しい 01 系電車が運用を開始した。銀座線のイメージを一新させる出来事となり、2000 形を含む旧形式の車両を全て置き換えた。また、これまで使用していた保安装置である「打ち子式の自動列車停止装置」も、1993（平成 5）年 7 月 31 日より、新 CS-ATC 自動列車制御装置に更新され、最高速度も引き上げられた。

　2004（平成 16）年 4 月 1 日に東京メトロに移行してからは、2012（平成 24）年 4 月 11 日に現在の 1000 系電車の運行を開始し、2020（令和 2）年 1 月 3 日の渋谷駅の移設完了、各駅リニューアル工事など、現在も改良工事が意欲的に進められている。

東京メトロ●銀座線

駅名	営業キロ	ナンバリング	駅の構造	開業日	ホームドア	備考
浅草	0.0	G19	地下	1927（昭和 2）12.30	○	
田原町	0.8	G18	地下	1927（昭和 2）12.30	○	
稲荷町	1.5	G17	地下	1927（昭和 2）12.30	○	
上野	2.2	G16	地下	1927（昭和 2）12.30	○	
上野広小路	2.7	G15	地下	1930（昭和 5）1.1	○	
末広町	3.3	G14	地下	1930（昭和 5）1.1	○	
（仮）万世橋				1930（昭和 5）1.1		1931（昭和 6）11.21 の神田延伸で廃止
神田	4.4	G13	地下	1931（昭和 6）11.21	○	
三越前	5.1	G12	地下	1932（昭和 7）4.29	○	
日本橋	5.7	G11	地下	1932（昭和 7）12.24	○	
京橋	6.4	G10	地下	1932（昭和 7）12.24	○	
銀座	7.1	G09	地下	1934（昭和 9）3.3	○	
新橋	8.0	G08	地下	1934（昭和 9）6.21	○	1939（昭和14）1.15 東京高速鉄道新橋駅開業
虎ノ門	8.8	G07	地下	1938（昭和 13）11.18	○	東京高速鉄道で開業
溜池山王	9.6	G06	地下	1997（平成 9）9.30	○	
赤坂見附	10.3	G05	地下	1938（昭和 13）11.18	○	東京高速鉄道で開業
青山一丁目	11.6	G04	地下	1938（昭和 13）11.18	○	東京高速鉄道で開業
外苑前	12.3	G03	地下	1938（昭和 13）11.18	○	東京高速鉄道で開業　開業時は青山四丁目　1939（昭和14）9.16 外苑前に改称
表参道	13.0	G02	地下	1938（昭和 13）11.18	○	東京高速鉄道で開業　開業時は青山六丁目　1939（昭和14）9.16 神宮前に改称　1972（昭和 47）10.20 表参道に改称
渋谷	14.2	G01	地上	1938（昭和 13）12.20	○	東京高速鉄道で開業

丸ノ内線

概要

　丸ノ内線は、1954（昭和29）年1月20日に池袋駅〜御茶ノ水駅間の6.4kmが開業したのが始まりだ。現在は池袋から御茶ノ水、東京、銀座、赤坂見附を経由し、新宿、荻窪を結ぶ全長24.2kmの路線である。また、途中の中野坂上から方南町まで3.2kmの支線を有しており、都心をぐるりと「コの字」型に運行している。

　ラインカラーは「スカーレット（赤）」で、開業当初に導入された300形電車からの伝統のカラーである。丸ノ内線は先に開業している銀座線と同じく、軌間が1435mm、集電方式が第三軌条方式の600Vで、銀座線の車両も丸ノ内線を走行することが可能である。しかし、車両規格の違いで、丸ノ内線の電車は銀座線を走れない。

　路線の特徴として、起伏の激しいところを走るため、後楽園付近〜茗荷谷、御茶ノ水付近、四ツ谷付近では、地上に顔を見せる箇所があり、特に御茶ノ水付近では、JR中央線下の神田川の壁から突き出る形のルートで軌道が敷設されており、一瞬だけ地上に顔を出す丸ノ内線の電車の姿は、今も東京を走る地下鉄の風景の1つとなっている。

　なお、丸ノ内線が建設される計画自体は営団発足前の戦前からあったものの、本格的に工事が行われたのは、戦後すぐのことであった。急激に交通量が増加し、逼迫する東京の交通（特に山手線）を補完する意味合いもあった。

　丸ノ内線のルートが、池袋〜東京〜新宿になったのも、その影響かと思われる。現在も東京の中心である歓楽街と、ビジネス街を結ぶ重要な公共交通機関である。また、丸ノ内線の特記すべき内容として、ラッシュ時間帯の運行ダイヤを挙げたい。

　列車の運転間隔は、最短で1分半〜2分間隔と超高密度ダイヤである。これは日本一の高密度運転と言われているが、日本一ではなく、おそらく世界一なのではないか？と推測できる。

　なお、荻窪駅〜新宿駅間と中野坂上駅〜方南町駅区間においては、1972（昭和47）年までは路線名称を「荻窪線」として扱い、丸ノ内線の都心西側の延伸として開業したが、現在は丸ノ内線の名で統一されている。荻窪線が登場した背景は、国鉄中央線の混雑緩和が目的で、当時の中央線のラッシュ時乗車率は300%を超

えるものであった。

　開業当初に導入されたのは、300形電車である。真っ赤なボディに、白いラインの波線模様の飾り帯を配した斬新なデザインで、茶色い木造電車が多かった当時、一際目立つ華やかな電車だったという。

　現在は銀座線で活躍している1000系をベースとした2000系が運用されている。初代300形や02系の赤い車体のイメージを引き継ぎ、見かけこそ愛嬌ある曲線をイメージしたデザインになっているが、最先端技術が注ぎ込まれた車両である。東京を代表する鉄道路線の1つとして、通勤通学から観光移動まで、幅広く利用されている路線である。

車両

　1954（昭和29）年の開業時に導入された300形は、開業前年にあたる1953（昭和28）年に落成した18m級の車体で、両端に運転台が付いている。銀座線用の16m級車体に比べると、ひと回り大きく、当時の私鉄車両のスタンダートなサイズと言えるだろう。

　終戦直後ということもあり、車両の資材には苦労したようだが、戦勝国であるアメリカのニューヨーク市営地下鉄車両の図面を元に製作されたという。両開き式の客室扉や電磁式直通ブレーキなどが採用され、使い勝手が良く、安全性に関して信頼性の高い技術が導入されていた。

　車体カラーは真っ赤なボディに白い帯を巻き、その中を波線模様のステンレス飾り帯が付けられている。車体が赤いため、その印象から「赤い貴公子」とも呼ばれ、シンボルカラーもそのまま「赤」が採用された。

　車両のカラーリングが路線イメージカラーになったのは、国内では丸ノ内線が最初と言われている。今のJR線の路線カラーのようなイメージを広めたパイオニアと言われており、あまりに強烈な色と、その斬新さに、当時の子供達の憧れの電車であったのは言うまでも無い。昭和20年代の絵本を見ていると、未来都市の地下を300形が走る姿が描かれている。それくらい、「地下鉄と言えば赤い電車」というイメージが定着していたのだ。

　300形は当初、2両編成、ラッシュ時間帯は3両編成で運行を続けていたが、1956（昭和31）年に、御茶ノ水駅〜淡路町駅の延伸開業時に増備車として400形が登場した。300形では、ダブルルーフ（二重屋根）だった構造が、シングルルーフとなり、すっきりとした印象に変わった。車両の軽量化も図られ、製造コストが比較的安く抑えられた。

　1957（昭和32）年には、400形の増備車として500形が登場。この500形が、300形からの赤い貴公子タイプの完成版となり、長らく編成の先頭に立つことになった。500形は片運転台で、1964（昭和39）年の東高円寺駅開業時まで234

両製造された。

　また1965（昭和40）年には、6両編成に組成用として、中間車専用の900形が製造された。丸ノ内線で初めての中間車両であった。

　赤い貴公子300形が製造されて30年以上が経ち、銀座線で登場した01系車両が好評だったことから、丸ノ内線でも同等の車両が考案された。そして1988（昭和63）年10月17日に営業を開始したのは、02系である。銀座線01系車両をベースに、18ｍ級と大型化され、アルミ車体であった。初期の編成は、電磁式

チョッパ制御装置を採用。後に全ての編成が、VVVFインバーター制御装置に統一された。

　02系は、本線用6両編成を53編成、中野坂上駅〜方南町駅間の支線用に3両編成・6編成の計336両を導入した。ちなみに本線用の帯と支線用の帯のカラーリングは異なり、赤と白でまとめられている本線用車両の帯に対して、支線用はその上に黒帯が入っている。

　2009（平成21）年より、一部編成を対象に更新工事が行われ、初代300形のイメージを象徴した波線模様の帯を追

地上に出て神田川を渡る2000系

加した。また車内は、バリアフリーとユニバーサルデザインの充実を図り、車椅子スペースの新設、車内の化粧板を薄いサーモンピンクでまとめている。

　2019（平成31）年に02系の後継として登場したのは、現在主力で活躍をする2000系車両である。銀座線で先に登場した1000系の流れを汲む車両で、性能やベースは1000系に準じたものとなっているが、デザインは丸ノ内線をそのままイメージした、曲線部分が多いデザインとなっている。

　車端部付近の窓は、丸窓を採用しており大胆なデザインである。カラーリングは初代300形を継承している。ただ、シンボルの波線模様は腰部に巻かず、上部に変更されている。これは、ホームドアで模様が隠れてしまうための配慮である。

　客室内は赤系のシート化粧板を採用。車端部の車椅子スペースには、電源コンセントを設置。携帯電話などの充電も可能になっている。

　将来的には丸ノ内線は、2000系で統一される予定である。ちなみに過去には、銀座線で活躍していた車両が、中野坂上駅～方南町駅の支線で活躍していた時期もあった。東京高速鉄道で製造された100形は、1962（昭和37）年に10両が、丸ノ内線に転属。丸ノ内線車両よりも横幅が狭かった関係で、扉下にステップが取り付けられ、ホームと車両との間に空く隙間に対応した。

車体カラーも赤いボディに白い帯となったが、飾り帯は付けられなかった。また1968（昭和43）年からは、100形に代わって銀座線用の2000形が転属し、1993（平成5）年7月6日まで運行された。

歴史

　元々は1925（大正14）年3月30日に、内務省が提示した「東京都市計画高速度交通機関路線網」と記された5路線のうち、4号線として示されたルートが、現在の丸ノ内線のルーツとなっている。

　現在の銀座線（当時の東京高速鉄道）開業後も、四谷見附（現在の四ツ谷）、赤坂見附、新宿方面への新線開設は悲願だったようで、赤坂見附駅を作る際には、当初から二重構造で作られていた。

　1941（昭和16）年9月1日に、東京の地下鉄の運営が帝都高速度交通営団に一元化された。その直後、太平洋戦争が始まったが、新路線の建設は着々と進められていた。緊急施行路線として、4号線の新宿駅～東京駅間が選定され、四谷見附～赤坂見附間を1942（昭和17）年度、新宿～四谷見附、赤坂見附～東京間を1943（昭和18）年度に着工していった。

　しかし、戦況が悪化したため、1944（昭和19）年に一部の区間で、工事が中止されてしまった。戦後、1946（昭和21）年12月7日に「東京復興都市計画構想鉄道網」が改めて提示され、4号線は中野富士見町～新宿～四谷～赤坂見附～永

田町〜日比谷〜東京〜神田〜御茶ノ水〜本郷三丁目〜池袋を通り、豊島区の向原町に至る 22.1㎞と修正された。

　すでに着工している区間はそのままに、最初に開業したのは、1954（昭和29）年1月20日に池袋駅〜御茶ノ水駅間の 6.4㎞だった。開業当初導入された300形は30両製作された。ちなみに池袋駅は仮駅として開業し、現在の位置よりも新大塚寄りにあった。

　1956（昭和31）年3月20日に、御茶ノ水駅〜淡路町駅間が開業。この区間は神田川を渡る場所で、一瞬だけ地上に顔を出す電車が魅力的である。神田川とは33度の角度で交差し、聖橋を介して、中央・総武線と交差する。この場所は丸ノ内線を象徴する場所として、写真や絵本などで紹介されることが多い。

　同じ年の7月20日には、淡路町駅〜東京駅までの 1.4km が開業。国鉄東京駅の丸の内口の真下に駅を設置した。東京駅から西銀座駅（現在の銀座駅）まで延伸したのは、1957（昭和32）年12月15日のことであった。西銀座駅は、銀座線の銀座駅とは離れた場所（数寄屋橋のたもと）に建設されため、その駅名がついた。

　この頃になると、日本は高度成長期に入り、銀座の街は夜遅くまで、ネオンが光る街並みであった。1958（昭和33）年には、西銀座駅〜霞ケ関駅間 1.1km が開業。翌年の1959（昭和34）年3月15日には、霞ケ関駅〜新宿駅まで開業した。

　これにより丸ノ内線の全線が開業し、新宿以西は荻窪線として建設されるのである。途中、赤坂見附駅では、戦前の東京高速鉄道が建設した準備工事を活用し、既存ホームの幅 4.85ｍ を 8〜11ｍ に拡張し、ホームを銀座線側 96ｍ、丸ノ内線側を 120ｍ に改良した。

　そして方向別に、銀座線と丸ノ内線が同一ホームで乗り換えができるようになり、スムーズな人流を確保できるようになった。四ツ谷駅は地上駅となり、国鉄中央線が丸ノ内線のホーム下を、約30度で交差する立体構造となっている。

　国会議事堂前駅付近は、我が国で初めての半円形ルーフシールド式トンネルが採用されている。理由として、議事堂の下は保安上、深く掘削することが必要なため、地上からの掘削ではなく、地下で半円形の鉄枠をジャッキで押しながら、掘り進めるためであった。

　現在はシールドマシーンという機械の力で掘り進められるが、当時は人力で鉄枠を押しながら掘り進めるという、非常に大変な方法であった。

　新宿以西（新宿駅〜荻窪駅間）（中野坂上駅〜方南町駅間）は、荻窪線として開業した。これは、「東京復興都市計画構想鉄道網」の中野富士見町方面の延伸計画によるもので、現在は支線扱いとなっている。開業当時、中野富士見町駅の近くには、中野車両基地も建設された。ここでは、丸ノ内線のみならず、銀座線の車両の検査保守も担当している。

　なお、荻窪線は1972（昭和47）年から名称を、丸ノ内線に変更。丸ノ内線全通から37年後の1996（平成8）年5月28日に、中野坂上駅と新宿駅の間に「西新宿駅」を開業した。都庁をはじめとする高層ビル街に直結する地下道と結ばれた。

　これ以降、2008（平成20）年12月27日からはATO自動列車運転装置を使用し、翌年の2009（平成21）年3月28日からは、ワンマン運転も行うようになった。車両も500形から02系、2019（平成31）年2月23日からは、現在主力の2000系が登場している。今日に至るまで、東京メトロの中心的路線と言えるであろう。

東京メトロ●丸ノ内線

駅名	営業キロ	ナンバリング	駅の構造	開業日	ホームドア	備考
池袋	0.0	M25	地下	1954(昭和29) 1.20	○	
新大塚	1.8	M24	地下	1954(昭和29) 1.20	○	
茗荷谷	3.0	M23	地上（＊）	1954(昭和29) 1.20	○	
後楽園	4.8	M22	地上	1954(昭和29) 1.20	○	
本郷三丁目	5.6	M21	地下	1954(昭和29) 1.20	○	
御茶ノ水	6.4	M20	地下	1954(昭和29) 1.20	○	
淡路町	7.2	M19	地下	1956(昭和31) 3.20	○	
大手町	8.1	M18	地下	1956(昭和31) 7.20	○	
東京	8.7	M17	地下	1956(昭和31) 7.20	○	
銀座	9.8	M16	地下	1957(昭和32) 12.15	○	開業時は西銀座 1964(昭和39) 8.29 銀座駅に統合
霞ケ関	10.8	M15	地下	1958(昭和33) 10.15	○	
国会議事堂前	11.5	M14	地下	1959(昭和34) 3.15	○	
赤坂見附	12.4	M13	地下	1959(昭和34) 3.15	○	
四ツ谷	13.7	M12	地上	1959(昭和34) 3.15	○	
四谷三丁目	14.7	M11	地下	1959(昭和34) 3.15	○	
新宿御苑前	15.6	M10	地下	1959(昭和34) 3.15	○	
新宿三丁目	16.3	M09	地下	1959(昭和34) 3.15	○	
新宿	16.6	M08	地下	1959(昭和34) 3.15	○	
西新宿	17.4	M07	地下	1996(平成8) 5.28	○	
中野坂上	18.5	M06	地下	1961(昭和36) 2.8	○	
新中野	19.6	M05	地下	1961(昭和36) 2.8	○	
東高円寺	20.6	M04	地下	1964(昭和39) 9.18	○	
新高円寺	21.5	M03	地下	1961(昭和36) 11.1	○	
南阿佐ケ谷	22.7	M02	地下	1961(昭和36) 11.1	○	
荻窪	24.2	M01	地下	1962(昭和37) 1.23	○	
中野新橋	1.3	Mb05	地下	1961(昭和36) 2.8	○	
中野富士見町	1.9	Mb04	地下	1961(昭和36) 2.8	○	
方南町	3.2	Mb03	地下	1962(昭和37) 3.23	○	

駅開業日は丸ノ内線の駅としての開業日
（＊）ホームの一部のみ地上

日比谷線

概要

日比谷線は、1961（昭和36）年3月28日に南千住駅〜仲御徒町駅3.7kmが開業し、現在は北千住駅から上野、秋葉原、築地、霞ケ関、広尾を経由し、中目黒駅を結ぶ20.3kmの路線である。また北千住駅からは、東武スカイツリーラインを経由して南栗橋駅まで相互直通運転を行い、久喜駅まで「THライナー」が運行されている。

日比谷線は、東京メトロ（旧営団地下鉄）としては初めて、他社線との相互直通運転を行った路線で、その関係で車両や軌道の規格を、相手方（直通先）に合わせた規格となっている。

軌道の軌間を1067mm、架空電車線方式を採用しており、通常の電車と同じように屋根上のパンタグラフから集電をして、車両を動かしている。そのため、従来の地下鉄である銀座線や丸ノ内線の第三軌条方式とは一線を画した路線であり、当時の地下鉄の歴史に、新たな変革をもたらした。

日比谷線に最初に導入された車両は3000系で、セミステンレス製の車体で2両編成。その装いから、「マッコウクジラ」という愛称がつき親しまれた。ラインカラーは「シルバー」で、3000系のセミステンレスボディが銀色をしていたため、その発想から決まったカラーである。

日比谷線の開業時期である1961年〜1964年の3年間は、東京オリンピック開催に向けて、急ピッチで都市としてのインフラが作られていた期間で、都内に張り巡らされた高速道路をはじめ、1964（昭和39）年10月1日には、東海道新幹線も東京〜新大阪まで開業した。

もちろん、東京の地下鉄も建設ラッシュで、東西線でも一部区間が開業した。日比谷線に至っては、始めの南千住駅〜仲御徒町駅開業から僅か3年で、北千住駅〜中目黒駅までの全線開業を果たしている。

その開業の仕方も特殊な形で、北千住駅〜人形町駅間、人形町駅〜東銀座駅間、霞ケ関駅〜恵比寿駅間、恵比寿駅〜中目黒間と、スポット的に開業していった。最後に東銀座駅〜霞ケ関駅間が、1964（昭和39）年8月29日に開業し、全線開業となった。

銀座線と丸ノ内線に続き、東京での第3番目の地下鉄として開業した日比谷線だが、戦後の東京の復興に1番影響を

与えた路線と言っても過言ではないだろう。その理由の一つとして、相互直通運転が、日比谷線を介して東武伊勢崎線（現在は日光線とも）と東急東横線の間で行われたこと、さらに銀座駅において、既存路線である銀座線と丸ノ内線を結んだことが挙げられる。

日比谷線が開業するまでは、銀座線と丸ノ内線の銀座駅は互いに離れた位置にあり、両線の乗り換えは赤坂見附駅と案内されていた。しかし、1964（昭和39）年8月29日に開業した日比谷線・銀座駅は、丸ノ内線と銀座線の駅を繋ぐように建設され、丸ノ内線の西銀座駅を改称し、地下鉄3路線が集まる「銀座（総合）駅」として生まれ変わった。当時の流行の発信や中心は銀座であり、高級歓楽街の象徴とも言える場所であった。

そこに日比谷線は、相互直通を介して、北は北越谷方面から、南は日吉方面へ乗り換えなしで行くことを可能としたのだから、その存在は非常に大きかったはずだ。

車両

1961（昭和36）年の開業時に導入された、初代日比谷線車両の3000系は、当時はまだステンレス製の車両が珍しいなか、骨組みは鋼鉄製だが、外板がステンレス製の「セミステンレスカー」で登場した。

開業時に全車両が、ステンレス製の車体で運転を開始したのは、当時日比谷線

だけであった。ステンレス製の車両は、主な特徴でもある「錆びないので塗装をしない」という部分にメリットがあり、経年劣化による再塗装費用を浮かすことができる。

保安装置は、高周波連続誘導式の自動列車制御装置（ATC）を採用。多少機器の違いがあるものの、東海道新幹線よりも先に、ATCを導入している。南千住駅〜仲御徒町駅の開通時には、2両編成で運行されていたが、延伸するたびに4両、6両と増結を続け、最終的には8両編成となった。

当初は東武側に直通していく列車を6両編成、東急側に直通していく列車を8両編成と計画したが、東武沿線の人口も増えたことから、終日どの列車も8両編成で運行することになった。

日比谷線は直通先である東武や東急と、集電方式や車両のサイズなどを統一しなければならない関係から、3000系も東急に合わせることになり、当時、東急の標準的な車体サイズに応じた18m級の車体を採用した。

前面のスタイルは、コルゲート模様・腰部にライト、おでこが広い愛嬌のある顔立ちで、その表情から「マッコウクジラ」という愛称がつき、人気となった。

3000系は日比谷線、東武線、東急線において高度成長期の東京を支え、1994（平成6）年7月23日まで活躍し、それ以降は長野電鉄に譲渡され、2023（令和5）年1月まで長きにわたって活躍を続

2017年に登場した13000系

けた。現在は長野での運行を終えた1編成（2両）が、千住車両基地に保存車両として里帰りしている。

日比谷線車両の近代化と、3000系を置き換える形で、1988（昭和63）年に登場したアルミ車体の車両03系は、銀座線用の01系をベースに導入された。これは、いわゆる「0系シリーズ」の1つで、腰部にグレーの帯を巻いたデザインである。

3000系では搭載されなかった冷房装置を導入し、サービスアップも図っている。また、1990（平成2）年に導入された編成においては、8両編成中、両端の2両（1、2、7、8号車）は扉の数が従来よりも2箇所多い片側5扉で登場しており、ラッシュ時間帯は5扉が使用されるなど、バラエティーに富んだ車種であった。

しかし、残念ながら03系は、様々な事件や事故の舞台（地下鉄サリン事件、日比谷線中目黒脱線衝突事故）になったこともあり、中にはこれらの事故によって、車歴をまっとうできなかった車両もある。2020（令和2）年に全車が引退し、一部は長野電鉄、北陸鉄道、熊本電鉄で活躍を続けている。

そして、東京メトロに移行した後の2017（平成29）年3月25日より運行を

ラッシュ対策の5扉を装備した03系

開始したのは、現在活躍中の13000系だ。

副都心線などで使用している10000系をベースに、日比谷線用として製造された。日比谷線にとっては初めての大型車体で、導入するにあたって、トンネル内も車体が干渉しないように、標識の位置などを変更したという。

03系では18m級・8両編成だったのに対して、13000系では20m級7両編成となった。アルミボディにグレーのラインが入るイメージは03系。正面のデザインは、初代3000系をイメージしているように思える。

車内は10000系シリーズを引き継いでいるが、ドア上に設置している案内表示器は、17インチのワイド液晶パネルが、3機設置されている。また放送用のスピーカーも、高音質のものが採用されており、車内でクラシックなどの音楽を流すことができる。これは音響の検査や、イベント時での使用を想定している。

現在、13000系は44本在籍しており、中目黒から北千住間と、乗り入れ先の東武日光線の南栗橋まで運行している。

歴史

日比谷線の計画ルートは、1956（昭和

31）年の都市交通審議会答申第1号での経路をもとに、建設された路線である。戦後高度成長期に入ると、人口は都心から郊外へと拡大し、地下鉄においては、郊外の国鉄線や私鉄線と相互直通運転を行い、都心へと向かわせる方が望ましいとされてきた。

日比谷線の最初の営業は、1961（昭和36）年3月28日に、南千住駅〜仲御徒町駅を開業したのが始まりだ。南千住駅を北千住駅方面に進んだ地平に、車両基地が設けられ、ちょうど、国鉄の貨物駅に隣接する形に設置された。

始発の南千住駅は高架線で建設され、相対式のホーム、1階部分は改札口となった。南千住駅を出た列車はすぐに地下に入る。ここから先は地下駅となる。

日比谷線の開業時期は、鉄道路線の建設ラッシュで、東京都も日比谷線の開業1年前に、1号線（のちの都営地下鉄浅草線）を開業させたばかりであった。日比谷線が全線開業したのは、1964（昭和39）年8月29日だ。

しかし、建設の進み具合によって、完成した部分からスポット的に開業している。従って、仲御徒町駅から中目黒駅方面へ延伸して行ったわけではなく、1962（昭和37）年5月31日に、南千住駅〜北千住駅までと、仲御徒町駅〜人形町駅までの既に開業している部分の両側を延伸。

同時に、北千住駅からは東武伊勢崎線との相互直通運転が開始され、北越谷駅まで足を伸ばした。北千住駅は、元々東

武鉄道が管理使用していたものを改良し、日比谷線が直接乗り入れる形をとっている。

これにより、人形町駅〜北越谷駅間の所要時間は約44分となり、従来の乗り換えの手間を考えると、随分とスムーズに移動ができるようになった。次に開業したのは、1963（昭和38）年2月28日、人形町駅〜東銀座駅だ。東銀座駅は、都営1号線（のちの浅草線）との乗り換え駅で、都営側の構造物も営団が受託して建設した。

日比谷線の東銀座駅開業と同日に都営側の開業も行い、両地下鉄は日本一の歓楽街である銀座に、一歩足を踏み入れたのだ。そして今まで東側から開業してきたが、一部建設が遅れていたため、西側からの開業が始まる。

霞ケ関駅〜恵比寿駅間が、1964（昭和39）年3月25日に開業した。霞ケ関駅は、丸ノ内線との乗り換え駅となる。また、銀座線の虎ノ門駅付近では、日比谷線がその下を通るため、下受けをしてからトンネルが建設された。

地下鉄路線が増えてくると、新線が既存線と交わりながら建設していくようになるため、下へ下へと深くなってくるのがわかる。1964（昭和39）年7月22日には、恵比寿駅〜中目黒駅の開業。中目黒駅では、東急東横線と接続する。部分開業のため、ダイヤに調整がつかず、東急との相互直通運転は行われなかった。

しかしながら、着実に地下鉄の相互直

通を推し進めるため、1964（昭和39）年8月29日に、最後に残った区間、東銀座駅〜霞ケ関駅間が開業した。東急との相互直通運転も開始され、日比谷線は全線開業を果たした。

　開業後も様々な出来事があったが、特記すべきものといえば、日比谷線の一部の編成に搭載された、自動列車運転装置（ATO）のことであろう。

　1964（昭和39）年9月8日に、南千住駅〜人形町駅間で実証実験的に営業列車で運転が行われ、1970（昭和45）年10月7日には、全線で行われるようになった。この時点で、正式な採用に至らなかったのは、あくまで将来の展望を考えた実証実験であったためである。

　それにしても、こんなにも古くから自動運転を行っていたと思うと、大変興味深い話である。日比谷線は3000系車両でデビューしたが、のちに銀座線01系シリーズをベースにした03系車両の登場、今では東京メトロ誕生以降に登場した10000系ベースの13000系が活躍している。

東京メトロ●日比谷線

駅名	営業キロ	ナンバリング	駅の構造	開業日	ホームドア	備考
北千住	0.0	H22	地上	1962（昭和37）5.31	○	
南千住	2.1	H21	地上	1961（昭和36）3.28	×	
三ノ輪	2.9	H20	地下	1961（昭和36）3.28	×	
入谷	4.1	H19	地下	1961（昭和36）3.28	×	
上野	5.3	H18	地下	1961（昭和36）3.28	○	
仲御徒町	5.8	H17	地下	1961（昭和36）3.28	○	
秋葉原	6.8	H16	地下	1962（昭和37）5.31	○	
小伝馬町	7.7	H15	地下	1962（昭和37）5.31	○	
人形町	8.3	H14	地下	1962（昭和37）5.31	○	
茅場町	9.2	H13	地下	1963（昭和38）2.28	○	
八丁堀	9.7	H12	地下	1963（昭和38）2.28	○	
築地	10.7	H11	地下	1963（昭和38）2.28	○	
東銀座	11.3	H10	地下	1963（昭和38）2.28	○	
銀座	11.7	H09	地下	1964（昭和39）8.29	○	
日比谷	12.1	H08	地下	1964（昭和39）8.29	○	
霞ケ関	13.3	H07	地下	1964（昭和39）3.25	○	
虎ノ門ヒルズ	14.1	H06	地下	2020（令和2）6.6	○	
神谷町	14.6	H05	地下	1964（昭和39）3.25	○	
六本木	16.1	H04	地下	1964（昭和39）3.25	○	
広尾	17.8	H03	地下	1964（昭和39）3.25	○	
恵比寿	19.3	H02	地下	1964（昭和39）3.25	×	
中目黒	20.3	H01	地上	1964（昭和39）7.22	○	

駅開業日は日比谷線の駅としての開業日
ホームドアの状況は2023年8月26日現在

東西線

概要

　東西線は 1964（昭和 39）年 12 月 23 日に、高田馬場駅〜九段下駅が開業したのが始まりで、現在は中野駅から西船橋駅間の全長 30.8km を結ぶ。

　東京メトロの路線の中でも、最も長い営業距離を持つ同路線だが、計画は 1946（昭和 21）年の、東京復興都市計画高速鉄道網で、中野〜東陽町間を決定したのが始まりである。東陽町から西船橋までは、1962（昭和 37）年の都市交通審議会答申第 6 号で決定した。

　両側の起点で、国鉄路線と接続し、それぞれ相互直通運転を行う内容で、西船橋駅から津田沼駅までは、総武緩行線、中野駅から三鷹駅までは、中央緩行線に乗り入れているが、この 2 つの路線は、中央総武緩行線として 1 つの運転系統となっているため、東西線は混雑緩和のためのバイパス手段としても、有効に機能している。

　しかし、沿線人口の増加により、特に葛西から行徳辺りまでのマンション建設が増加し、都心に向かう通勤客が激増したことから、日本でも有数の混雑する路線となってしまった。また、南砂町駅から西船橋駅間は、高架線を走行し、葛西駅と原木中山駅では、快速列車が運行するために、追い抜き設備（待避線）を設置した。先に述べたように、沿線人口が増加したため、全線開業後には西葛西駅、南行徳駅、妙典駅が開業した。

　1996（平成 8）年 4 月 27 日に、西船橋駅〜東葉勝田台駅で東葉高速鉄道が開業。元々東西線の延長区間として、都市交通審議会答申第 15 号で答申されたものを実現した。同日から東西線との相互直通運転が開始され、東西線の運転系統は、三鷹から西船橋を経由し、津田沼に至るルートと、西船橋経由で勝田台方面に至るルートとなった。

　開業当初の車両は、国鉄との相互直通運転を行うことを前提としていたため、営団初の 20m 級・片側 4 扉となった。ただし、日比谷線の 3000 系と同様に、セミステンレス製の車体を採用し、最初の部分開業では 3 両編成で運行。延伸開業のたびに編成を伸ばし、最終的に 7 両編成と 10 両編成になったが、その後全ての編成が 10 両編成に統一された。

　そして、1988（昭和 63）年に 05 系が登場。東京メトロになってからは、2010（平成 22）年に 15000 系が登場している。

相互直通を行う車両は、JR からは E231 系 800 番台、東葉高速鉄道では、東京メトロ 05 系と同一設計の 2000 系が乗り入れる。

歴史的にみても暫定的に半蔵門線で使用されている 8000 系が運用されたことや、有楽町線で使用されていた 07 系が転属されてくるなど、バラエティーに富んでいて見ているだけでも楽しい路線だ。

東西線は東京メトロの路線の中でも需要度が高く、ドル箱路線と言われる。それゆえ混雑が激しいため、一部で扉が広い車両を使用したり、ホームなどを改良する工事も行われた。

車両

東西線で初めて開業した高田馬場駅〜九段下駅間の営業に準備された車両は 5000 系で、中野駅から国鉄中央線を経由して立川方面に乗り入れる予定を考慮したため、営団としては初めて、20ｍ級の車体・片側に 4 つの両開き式の扉を設置した。

この仕様は、国鉄の通勤型で標準車両であった 103 系の車体規格と同じであり、東西線用の 5000 系は、さらに非常用の貫通扉を正面に備え、日比谷線 3000 系をベースに、セミステンレス製車体が採用された。路線識別帯は、スカイブルー（空色）。

この色は丸ノ内線 300 形のカラーリングが、イギリスのタバコの箱を手本にしたデザインに対して、国産のタバコである「ハイライト」を手本にしている。

制御装置は、超多段応加重加減速度パターン制御装置を搭載。スムーズな乗り心地で、定評があったという。当初は 3 両編成 6 本で運行されたが、1966（昭和41）年 3 月 16 日の竹橋駅〜中野駅間の延伸開業用として 7 両編成に増大（7 両運転開始は 2 月 1 日）。翌月の 4 月 28 日からは、中野駅より国鉄中央緩行線に乗り入れて、荻窪駅まで直通運転が始まった。

当時の国鉄も、東西線直通用として、アルミボディの 301 系を導入。また営団は増備用車両として、5000 系を追加導入した。この時は、セミステンレス製の車両の他に、アルミ製の車両も製作された。ステンレス製の従来の 5000 系に比べて、3 分の 1 ほど軽い比重であり、経済的にも良いとされた。

このアルミ車体は無塗装で、コルゲートがないため、円滑なボディとなっている。東西線の 5000 系は最終的に 10 両編成に統一され、千代田線から転属してきた車両も合わせると、420 両あまりの大所帯だった。

1988（昭和 63）年になると、5000 系を置き換えるために 05 系が導入された。基本的な設計は、同時期に導入された日比谷線用の 03 系をベースにしたもの。

アルミ車体で、正面のフォルムは、スピード感あるデザインで高架線を快走する爽やかなイメージ。路線識別帯はスカ

イブルーを基調とし、ダークブルーにホワイトの細線が入る。

　混雑が激化する対応処置として、第14編成と第15～18編成は、客室用ドアがワイド・ドア（通常よりも開口幅が広い）車両となり、ラッシュ時間帯の輸送に貢献した。

　しかし、通常のドアよりも開閉する時間がかかるため、駆け込み乗車が多く、19編成以降は、通常のドアに変更されてしまった。

　05系は、2004（平成16）年までに第43編成まで製造されており、登場時期に

よって、様々な仕様が存在する。

　登場時期の違いにより車両のデザインも大きく変わり、本当に同じ形式なのか？と思わせるほどだ。また、2006（平成18）年からは、有楽町線で活躍していた07系車両10両編成6本が転属されて、運行を開始した。この07系の転属をもって、5000系は全て引退した。

　05系の初期グループの置き換え用として、2010（平成22）年5月7日に15000系が運行を開始。有楽町線などで使用されている10000系をベースに、05系の思想を取り入れた。また検討の結果、再

荒川・中川橋梁を走る東西線

度ワイド・ドアタイプの車両として製造
された。現在は16編成が活躍している。

　東西線では東京メトロの車両に加え、
JR東日本のE231系800番台、東葉高速
鉄道の2000系なども運用され、さらに
歴史を紐解くと、1987（昭和62）年に
半蔵門線の三越前駅延伸開業用にと製造
された8000系が、間違い防止のために
ドア上に「東西線」と書かれたステッカー
を貼り付けて運行していた。05系の製造
が追いつかず、冷房装置のついた車両を、
早く導入したかったため、という暫定的
な処置であった。

　また、千代田線用の6000系試作車が、
試験のために東西線を試運転したことも
あり、多くの車両が走行した路線である。

歴史

　東西線は1946（昭和21）年の東京復
興都市計画高速鉄道網で決定されたもの
で、当時は中野から東陽町間であったが、
1962（昭和37）年の都市交通審議会答
申第6号で東陽町から東側の西船橋間が
答申された。

　文字通り、東京を東西に結ぶ路線とな

東西線の主力車両05N系

り、首都圏の地下鉄としては初めて、郊外（千葉県）に乗り入れた路線である。ルートが決まったと同時に、混雑の激しい国鉄中央線と総武線を東西で接続し、相互直通運転を行うことによって、混雑緩和を図る目的もあった。

最初に開業したのは 1964（昭和 39）年 12 月 23 日。高田馬場駅〜九段下駅の 4.8km。ギラギラと輝くセミステンレス製の 5000 系が 3 両編成で運行を開始したが、地下区間のみでの開業となってしまい、車両は九段下付近の竹平町付近で、ずい道を構築する際に、上床に開口部を開けておき、そこからクレーンで 1 両ずつ搬入作業を行なった。

地下区間のため、全般検査や重要部検査など大規模な検査が実施できないため、検査を迎えるまでに中野方への延伸を行い、中野から国鉄線の線路を使用して、千住工場に入場させる計画とした。

1966（昭和 41）年 3 月 16 日には　中野駅〜高田馬場駅間、九段下駅〜竹橋駅間が開業。翌月の 4 月 28 日からは国鉄中央線への直通運転が始まり、検査期限を迎えた 5000 系は、国鉄線の線路を経由して日比谷線の車両基地まで回送することができた。

ちなみにこの延伸開業を機に、3 両編成から 7 両編成に増車することになり、検査を終えた車両は 7 両編成になって返ってきた。ちなみにこの時代は、地下鉄の建設ラッシュで、必要な車両も次々と落成されたが、肝心の車両基地の整備

が追いつかず、東西線車両は国鉄の三鷹電車区や、武蔵小金井電車区豊田派出の一部を間借りして、月検査などの対応をしていたという。

1966（昭和 41）年 10 月 1 日には竹橋駅〜大手町駅間が開業。1967（昭和 42）年 9 月 14 日には大手町駅〜東陽町駅間が開業。このうち門前仲町駅〜木場駅の間は、当時としては最大規模のシールド工法による掘削工事が行われた。当時は掘削マシーンはなく、15 人の手掘り作業員と技術者が入って、掘削を行う手掘り式シールド機械であった。

1 日にわずか数十 cm しか掘り進められないが、地上の建物や交通に影響を与えてしまうことが少なく、この技術を発展させたものが、今日の地下鉄建設に活かされている。

東陽町駅〜西船橋駅が開業したのは 1969（昭和 44）年 3 月 29 日。途中、南砂町駅を出ると、終点の西船橋駅までは全て高架線を走る。また河川も 3 箇所超えるため、南砂町駅と葛西駅の間に、荒川・中川橋梁、葛西駅と浦安駅の間に、第 1 江戸川橋梁、行徳駅と原木中山駅の間に、第 2 江戸川橋梁が建設された。

この開業により、国鉄中央線との相互直通を三鷹駅まで延長。西船橋駅からは総武緩行線津田沼駅まで相互直通運転を行うことになった。また営団としては初めて快速運転を開始し、地上区間の最高運転速度を 100km /h とし、葛西駅と原木中山駅には、追い抜き設備が設置された。

　東西線開業の影響で南砂町駅〜行徳駅付近では、マンションなどの高層住宅が次々と建設され、周辺の人口が飛躍的に伸びた。その影響で1979（昭和54）年10月1日に西葛西駅、1981（昭和56）年3月27日に南行徳駅、2000（平成12）年1月22日に妙典駅が開業。また、それとは別に1996（平成8）年4月27日からは西船橋駅〜東葉勝田台駅間を東葉高速鉄道が開業、東西線との相互直通運転を開始した。元々この路線は、東西線の延伸として計画され、営団が運行する予定だったが、情勢の関係から営団や京成電鉄、千葉県などが出資する、第三セクター東葉高速鉄道が運行することになった。

　その経緯もあり、同線の運行は東西線と一体になっており、東葉高速鉄道の列車は全て、東西線に乗り入れる。

東京メトロ●東西線

駅名	営業キロ	ナンバリング	駅の構造	開業日	ホームドア	備考
中野	0.0	T01	地上	1966（昭和41）3.16	×	
落合	2.0	T02	地下	1966（昭和41）3.16	×	
高田馬場	3.9	T03	地下	1964（昭和39）12.23	○	
早稲田	5.6	T04	地下	1964（昭和39）12.23	○	
神楽坂	6.8	T05	地下	1964（昭和39）12.23	○	
飯田橋	8.0	T06	地下	1964（昭和39）12.23	○	
九段下	8.7	T07	地下	1964（昭和39）12.23	○	
竹橋	9.7	T08	地下	1966（昭和41）3.16	○	
大手町	10.7	T09	地下	1966（昭和41）10.1	○	
日本橋	11.5	T10	地下	1967（昭和42）9.14	○	
茅場町	12.0	T11	地下	1967（昭和42）9.14	×	
門前仲町	13.8	T12	地下	1967（昭和42）9.14	○	
木場	14.9	T13	地下	1967（昭和42）9.14	×	
東陽町	15.8	T14	地下	1967（昭和42）9.14	○	
南砂町	17.0	T15	地下	1969（昭和44）3.29	×	
西葛西	19.7	T16	地上	1979（昭和54）10.1	○	
葛西	20.9	T17	地上	1969（昭和44）3.29	○	
浦安	22.8	T18	地上	1969（昭和44）3.29	×	
南行徳	24.0	T19	地上	1981（昭和56）3.27	×	
行徳	25.5	T20	地上	1969（昭和44）3.29	×	
妙典	26.8	T21	地上	2000（平成12）1.22	×	
原木中山	28.9	T22	地上	1969（昭和44）3.29	×	
西船橋	30.8	T23	地上	1969（昭和44）3.29	×	

駅開業日は東西線の駅としての開業日
ホームドアの状況は2023年6月12日現在

千代田線

概要

　千代田線は、地下鉄建設ラッシュの高度成長期に建設が始まった。他の路線と比べて、新技術が多く採用され、特に省エネ電車のパイオニアと言われた回生ブレーキ付きのサイリスタチョッパ制御を搭載した 6000 系の登場は、鉄道車両の近代化において、大きな貢献をもたらした。

　6000 系はすでに引退し、後任の 06 系を経て現在は 16000 系が主力として活躍する。JR 東日本常磐線からは E233 系 2000 番台、小田急線からは 4000 形が相互直通運転で乗り入れる。北綾瀬駅に向かう支線専用の車両として、東西線から転属してきた初期の 05 系も見られ、千代田線は多くの異形式電車が散見できる珍しい路線でもある。

　さらには東京メトロの中で唯一、特急運用があり、小田急線から特急ロマンスカーが北千住駅まで乗り入れ、夕方の時間帯には「メトロホームウェイ」、日中は行楽地へ向かう「メトロはこね」が運転される。

　JR 東日本常磐線の直通運転は、我孫子駅（ラッシュ時間帯は取手）、小田急線

の直通運転は、伊勢原駅まで行っている。また最近では、2019（平成 31）年 3 月 16 日のダイヤ改正において、北綾瀬駅のホームを 3 両編成から 10 両編成に対応可能とし、代々木上原方面から来る 10 両編成の列車が乗り入れ可能になった。

　ちなみに綾瀬駅〜北千住駅間は元々は常磐線の用地に建設された。常磐線を利用している人のために特例で、JR の運賃が採用されている。また常磐線の松戸駅から北千住駅に向かう始発電車が設定されており、綾瀬駅の発車は 4 時 38 分発と、東京メトロ線の中では群を抜いて、一番早い始発である。

　千代田線は定期券の使用率が高く、生活に密着した地下鉄路線と言われ、一時期はラッシュ時間帯の乗車率も、町屋駅〜西日暮里駅間で 260% を超えるなど、社会問題化していた。最近の 2021 年の統計を見ると、126% と随分落ち着いたが、それでも東京圏の主要路線において、三田線、東西線、日比谷線に続く混雑率だ。

車両

　1969（昭和 44）年、北千住駅〜大手

町駅間が最初に開業。その時導入されたのは、東西線で使用されている5000系だった。千代田線用として導入される6000系の開発が遅れていたための処置で、暫定的に導入された。

千代田線用の仕様として、ATC列車自動制御装置を、車内信号（キャブシグナル）式のものに変更し、帯の色も千代田線のラインカラーであるエメラルドグリーンとした。

開業時は3両編成だったが、1971（昭和46）年3月20日の大手町駅〜霞ケ関駅間の開業では、常磐線との相互直通運転に備えて、5＋5の10両編成に組み替えされた。同時に6000系の運行も開始した。

6000系は1968（昭和43）年に、第1試作車（3両編成）、1969（昭和44）年に第2試作車（6両編成後に、10両編成に組み替え）が完成し、数々のテストを繰り返しようやく量産車が登場した。6000系は本線用10両編成35本と、第1試作車を改造した北綾瀬支線用の3両編成1本で運用された。

6000系には様々な試みがなされ、最も注目すべきは、回生ブレーキ付きの「サイリスタチョッパ制御」の開発だった。回生ブレーキとは、使用しなかった電力を架線に戻し、制動中にも発電を行い、さらに架線を通じて戻すという、エネルギー効率に有能な制御システムである。チョッパ制御とは、最近の電車のほとんどが採用している、VVVFインバーター

制御の祖先と言っても良いだろう。6000系はそんな繊細かつ重要なシステム開発のために、千代田線の開業に遅れて登場したのだ。

デザインとしてアシンメトリーを採用したため、当時の電車デザインに比べて斬新であり、正面の非常貫通扉を右側にオフセットしたほか、扉を開けると、そのまま異常時の避難用ハシゴになる機能を持たせた。

前面の形状も、くの字に折れ曲がったデザインで、停止位置などの視認性を向上させるものであった。車内の貫通路扉を廃止し、5両目まで、吹き抜け構造を採用した。これは、閉鎖的な地下鉄のイメージを変えようと考えた結果であり、非常に効果があったようだ。

6000系は当時の営団地下鉄標準車両となり、以降開業する有楽町線と半蔵門線にも同系統の7000系8000系の車両が採用された。

一方、6000系が本格導入されると、5000系は支線用に組み替えられた一部を除いて、東西線に転属となり、千代田線には6000系と国鉄常磐線からは103系1000番台、小田急電鉄からは9000形が乗り入れた。

小田急の9000形は、小田急電鉄の車両登場順序から考えると、5000形の次に当たるので6000形となるはずだったが、営団の6000系と被ってしまうため、都市交通審議会で定められた名称である9号線に由来し、9000形となった。

国鉄103系1000番台は当時、国鉄の通勤車両の最新タイプだったが、6000系に比べ、消費電力と抵抗制御によるトンネル内での放出熱が問題になり、1982（昭和57）年にサイリスタチョッパ制御を搭載した203系が登場し、早々に置き換えられた。

また、1986（昭和61）年に国鉄としては初めてのVVFインバーター制御を搭載した207系900番台を1編成のみ導入。6000系や203系などのチョッパ車両と比較しやすいため、同線に乗り入れた。その後、小田急車はVVFインバーター制御式の1000形に置き換えられた。

営団では増備車両という名目で、1993（平成5）年、06系が1編成のみ導入された。6000系の登場から20年以上経過したことから、このタイミングでの新形式となったが、結果的に、最後まで1編成のみの製造であった。

06系は当時、営団各路線に導入されていた01系から続く0系シリーズの車両で、東西線05系をベースに6000系を継承するようなデザインだった。2010（平成22）年になると、6000系と06系の置き換え用として、10000系をベースにし

永久磁石同期電動機を搭載する16000系

たデザインの 16000 系が登場。

　制御装置は VVVF インバーター制御機を採用し、主電動機には永久磁石同期電動機を搭載した。永久磁石の「レア・アースマグネット」は、従来の電動機よりも、エネルギー効率の向上、騒音を低減した。その技術改新が認められ、千代田線では 6000 系に続く、2 度目のローレル賞を受賞した。現在はこの 16000 系と、小田急からは 4000 形、JR 東日本から E233 系 2000 番台が活躍し、支線用に東西線から転属してきた 05 系が運行している。

歴史

　千代田線は 8 号線（のちに 9 号線）として、1962（昭和 37）年 6 月 8 日の都市交通審議会答申第 6 号にて、喜多見方面から原宿、永田町、日比谷、池ノ端、日暮里を経由して、松戸方面に向かう路線として計画されたものがベースである。

　最終的には、1964（昭和 39）年 12 月 16 日の建設省告示第 3379 号において、喜多見〜綾瀬間を建設し、綾瀬から先は、当時「通勤五方面作戦」の計画から複々線化する国鉄常磐線と相互直通運転を行うことで、千葉や茨城方面の利用者を、都心に乗り換えなしで行けるようにした。

　一方、喜多見方面も代々木上原から先は、小田急線との相互直通運転を行うことで、計画を推進することになった。最初に開業したのは 1969（昭和 44）年 12

月 20 日に、北千住駅〜大手町駅間。全線が開業したのは、1978（昭和 53）年 3 月 31 日で綾瀬駅〜代々木上原駅間、1979（昭和 54）年 12 月 20 日には、綾瀬駅〜北綾瀬駅間の支線部分も開業した。

　開業当初は 5000 系で運行を開始し、湯島駅から新御茶ノ水駅間の工事はシールド工法で掘削され、新御茶ノ水駅は、日本初のメガネ型シールドという工法で建設。地上からの深さ約 34m の位置に完成した。

　地上の高架線を国鉄中央線が、その下を丸ノ内線が、さらに神田川の下を千代田線が走る形になった。また、町屋駅〜根津駅間は地上の道路用地の都合上スペースが狭く、A 線 B 線が上下重なって建設された。

　町屋駅、西日暮里駅、千駄木駅、根津駅は代々木上原方面が上段、綾瀬方面が下段と乗り場が分かれている。次に開業したのは大手町駅〜霞ケ関駅間で、1971（昭和 46）年 3 月 20 日。延伸したのは大手町駅から 3 駅で、ようやく 6000 系の量産車も完成し運行を開始した。

　同年 4 月 20 日に北千住駅〜綾瀬駅間が開業。この区間は元々、国鉄常磐線の用地に建設したため、開業までの間常磐線の列車が、完成したばかりの千代田線の線路を仮線として走行していたことがあった。千代田線の列車も、北綾瀬の車両基地に回送する時は、選任の運転士が入出庫を行なっていたという。

北綾瀬支線で運用される 05 系と常磐線特急「ひたち」

　この開業をもって、千代田線は常磐線との相互直通運転を開始。日中は 1 本を綾瀬駅止まりとし、1 本を常磐線の我孫子駅まで直通するダイヤを組み、千代田線と常磐線は、一体的な運行形態になった。

　しかし、従来の常磐線は乗り換えなしで上野駅まで行けたが、千代田線乗り入れ開始からの上野行きは快速運転となり、綾瀬駅には停車しなくなった。金町駅と亀有駅の利用者は、同駅から発車する列車が全て、千代田線直通となるので、千代田線を利用して北千住駅で乗り換えが必要になった。

　従来の運賃に加えて、千代田線の運賃も払わなければならず、その打開策とし

て、綾瀬駅〜北千住駅間を 2 重運賃区間（特例区間）とし、常磐線側から北千住駅で快速に乗り換える場合は、千代田線の運賃を追加しない処置を行なった。

　これは全国的に見ても珍しい例だが、山手線や京浜東北線に乗り換えるために、結局は千代田線の西日暮里駅まで行くことになるため、乗り入れ前より高い運賃を支払うことになってしまった。現在に至っても、一部では裁判で争われているようだ。

　1972（昭和 47）年 10 月には、霞ケ関駅〜代々木公園駅が開業。国会議事堂前駅は国の重要な施設に近いこともあり、最深部での建設となった。駅の深さは地上から約 38 ｍもあり、15 台ものエス

カレーターを設置した。また、代々木公園駅付近では、10両編成8本が収まる留置線を建設した。1978（昭和53）年3月31日に代々木公園駅～代々木上原駅間が開業。小田急線の代々木上原駅を改装し、上下方向の小田急線が千代田線を挟む形で設置された。

そして千代田線と小田急・小田原線の相互直通運転が始まり、千代田線は朝夕のラッシュ時間帯は本厚木駅まで運転された。また、綾瀬駅～北綾瀬駅間は支線として開業当初、同区間は回送線としたが、周辺住民の強い要望があって、旅客線に変わった路線である。

運行形態は綾瀬駅～代々木上原駅間の本線と、綾瀬駅～北綾瀬駅間の支線とで分割して運行されたが、2019（平成31）年3月16日から、北綾瀬駅のホームが3両編成から10両編成まで対応可能になり、本線から北綾瀬まで運行される列車が設定された。

そのほか、2000（平成12）年からは、それまで朝夕ラッシュ時間帯の小田急直通だった列車が、日中の時間帯も大増発され、本厚木方面のほか、一時は唐木田方面（多摩急行）も運転された。現在は本厚木方面に限定され、遠方は伊勢原まで行く列車もある。なお、常磐線から千代田線を経由し、伊勢原まで走る列車も設定されている。

東京メトロ●千代田線

駅名	営業キロ	ナンバリング	駅の構造	開業日	ホームドア	備考
北綾瀬	2.1	C20	地上	1979（昭和54）12.20	○	
綾瀬	0.0	C19	地上	1971（昭和46）4.20	○	
北千住	2.6	C18	地下	1969（昭和44）12.20	○	
町屋	5.2	C17	地下	1969（昭和44）12.20	○	
西日暮里	6.9	C16	地下	1969（昭和44）12.20	○	
千駄木	7.8	C15	地下	1969（昭和44）12.20	○	
根津	8.8	C14	地下	1969（昭和44）12.20	○	
湯島	10.0	C13	地下	1969（昭和44）12.20	○	
新御茶ノ水	11.2	C12	地下	1969（昭和44）12.20	○	
大手町	12.5	C11	地下	1969（昭和44）12.20	○	
二重橋前	13.2	C10	地下	1971（昭和46）3.20	○	
日比谷	13.9	C09	地下	1971（昭和46）3.20	○	
霞ケ関	14.7	C08	地下	1971（昭和46）3.20	○	
国会議事堂前	15.5	C07	地下	1972（昭和47）10.20	○	
赤坂	16.3	C06	地下	1972（昭和47）10.20	○	
乃木坂	17.4	C05	地下	1972（昭和47）10.20	○	
表参道	18.8	C04	地下	1972（昭和47）10.20	○	
明治神宮前	19.7	C03	地下	1972（昭和47）10.20	○	
代々木公園	20.9	C02	地下	1972（昭和47）10.20	○	
代々木上原	21.9	C01	地上	1978（昭和53）3.31	○	

駅開業日は千代田線の駅としての開業日

有楽町線

概要

　有楽町線は、混雑する丸ノ内線の救済策として計画された路線で、池袋から成増までの間は、丸ノ内線の延長として位置付けられており、和光市駅から池袋駅〜飯田橋駅〜有楽町駅〜新富町駅〜新木場駅を結ぶ路線である。

　また和光市駅からは東武・東上線と相互直通運転を行い、小川町駅まで走る。途中の小竹向原駅からは、西武・有楽町線を経由し、西武・池袋線の飯能駅まで相互直通運転を行っている。

　有楽町線という名称は、1973（昭和48）年に、当時の営団としては初めて、一般公募による選定を行い決定された。応募総数30591通・2519種類にも達し、第1位は「麹町線3404通」、続いて「有楽町線2404通」、「桜田線」「外堀線」などと続いたが、1位の麹町線を差し置いて、有楽町線に決定した。理由は、路線形状が複雑で、乗客に不便をかけてしまう、という懸念から、特徴のある地名が望ましいということで、有楽町線になったそうだ。

　ラインカラーは「ゴールド」だが、車両にカラーを用いる場合は、指定されたイメージを損なわない程度で変更が可能なため、開業当時に導入された7000系の設計者の思想に近い色の「イエロー」になっている。

　ちなみに7000系は、千代田線用の6000系をバージョンアップさせたもので、最初の開業の池袋駅〜銀座一丁目駅間では、5両編成で運行された。当時は有楽町線自体に車両基地を所有していなかったので、桜田門駅と千代田線の霞ケ関駅の間に連絡線を設け、綾瀬車両基地へと回送していた。

　軽度の検査などは、市ケ谷駅付近に電留線を設置し対応し、折り返しや車両の待機場所としても使っていた。現在は、和光市駅の先と新木場駅の先に、大規模な車両基地が完成し、綾瀬車両基地への回送も少なくなったが、今でも時折、有楽町線の車両が綾瀬車両基地に向かう姿を目撃することがある。

　また、開業当初から試験的に池袋駅と銀座一丁目駅に自動改札機を導入しており、自動券売機による定期券の販売も、池袋駅、飯田橋駅、銀座一丁目駅の3駅で実施された。有楽町線は開業当初から、先駆的な取り組みが行われていたのだ。

　現在の運行形態になったのは、1988（昭

和63）年6月8日の新木場駅開業時だが、それ以降も和光市駅から池袋駅まで並行する新線（のちの副都心線）の開業や、それに伴う列車運用の改正などを繰り返してきた。そういった経緯から有楽町線は、変化が多い路線と言えるだろう。

現在、支線部分の建設計画も進んでおり、豊洲駅から北上し、半蔵門線の住吉駅に繋がるルートの建設準備が行われている。これは、沿線の江東区が懇願する計画で、接続する豊洲駅と住吉駅には、有楽町線から繋がるトンネルの準備工事がすでに完了している。

開業目標は2030年代半ばを予定し、総事業費は約2690億円。中間駅が2つで、枝川駅、東陽町駅（いずれも仮称）である。東陽町駅では、東西線に乗り換えられるため、東西線に輸送障害が発生した際など、振替輸送としても輸送効力を発揮できる。

車両

開業当初用意された車両は、アルミ車体の7000系である。回生ブレーキ付きAVFチョッパ制御を搭載し、正面の非常扉上部に、列車種別表示窓が準備されており、ラインカラーがイエローになっているのを除き、外見上は千代田線用の6000系と変わらない姿だ。

まずは5両編成で営業をはじめ、19本を導入した。AVFチョッパ制御とは、6000系のサイリスタチョッパ制御をよ

り高性能にしたもので、電力消費量をさらに節減できるようになった。また、現在では当然のようになった保安装置の一部、列車の速度が5km/h以下にならないと扉が開かない「戸閉保安装置」を導入。これは、相互直通運転を予定していた東武鉄道と西武鉄道の思想によって導入したものと言われている。

車両の大掛かりな検査や修繕では、千代田線の綾瀬車両基地まで回送するが、コストと効率の関係上、5両編成2本を重連にして走行した。1983（昭和58）年6月17日には、全線で10両編成での運行を開始。6月24日に開業した営団成増（現・地下鉄成増）駅〜池袋駅間に備えた処置で、新造編成を導入した。

開業当初から使用する編成においても、中間車両が新造されている。そのため、年式が違う車両同士が繋がる混結編成となり、号車によって窓の形状が異なっている。7000系は途中、副都心線開業のために8両編成化し、一部車両の運用離脱が発生したものの、最終的には2022（令和4）年の4月18日まで運行され、一部は海外の鉄道会社に転属した車両もある。

続いて07系の登場である。千代田線で活躍していた06系とほぼ同時期の1993（平成5）年3月に登場した。06系とほぼ同一設計だが、東武鉄道や西武鉄道との相互直通運転を想定し、保安装置や減速度が異なっている。あくまでも7000系の増備車という位置付けで量産

され、10 両編成 6 本が製造された。

　現在は、ホームドア設置の関係で、先頭車両のドア位置が統一出来ないため、東西線に転属し活躍している。

　2006（平成 18）年に導入された 10000 系は、東京メトロ発足後、初めて新規設計された車両で、現在の東京メトロ標準車両という位置付けになっている。本来は 2008（平成 20）年 6 月 14 日に開業した「副都心線用」に設計した車両である。有楽町線で先行運用が始まったのは、7000 系の副都心線向け改造による、予備車両の確保という意味合いがあったそ

うだ。

　10000 系は快適さと使いやすさの向上、省エネや安全性の向上など、抜本的に見直され、従来とは違う新しい思想で開発された。目を引くのは、車体上部と側面から丸みを帯びた形状で、レトロ感のある顔立ちだ。どこか小動物のような愛らしさも感じる。

　車内は天井が高く、間接照明を使用し、車内を満遍なく照らしている。隣の車両に渡る貫通扉も、ガラス戸が採用され、車内空間が広々と感じられる。

　7000 系と 10000 系は、有楽町線と副

有楽町線開業時から使用される 7000 系

都心線の共通車両として共に活躍したが、2021（令和3）年からは、7000系の置き換え用として17000系が登場した。前照灯と尾灯を1つのライトケースに収めた丸型のデザインで、走行車両の機器状態をモニタリングできるシステムや、車いす・ベビーカーの乗降性を向上させるなど、客室環境に改善が見られる。

　現在の有楽町線は、10000系や17000系に加え、相互直通運転を行っている西武鉄道6000系、40000系、東武鉄道からは9000系や50070型にも出合える車種多彩な路線である。

歴史

　1968（昭和43）年の都市交通審議会答申第10号で、池袋を経由する成増と練馬方向から明石町間を結ぶ8号線として答申、計画された。内容は、成増と練馬方向から池袋〜護国寺、飯田橋、市ケ谷、永田町、有楽町、銀座を経由して、明石町に至る路線である。

　元々池袋以西は、丸ノ内線を延長させるという計画から編入した経緯があり、丸ノ内線から東武東上線へ乗り換え時の混雑緩和を目的とした。

2006年に導入された10000系

西武有楽町線が分岐する小竹向原駅

　計画が決まると、工事は急ピッチで進められ、最初に開業した池袋駅〜銀座一丁目駅間では、狭い道路や高台、低地などが多く、掘削にはシールド工法が合計8箇所、全体の約30％（30％→3.06km区間延長3,482ｍ）に使われた。

　また、永田町駅では地下で2つのトンネルを繋ぎ合わせる工法として、メガネ型シールド駅で建設した。この工法は、当時日本で初めて使用された工法である。

　開業時、有楽町線では車両基地を持たなかったために、有楽町線車両の保守修繕は、千代田線の綾瀬車両基地で行われ、桜田門駅と千代田線の霞ケ関駅の間に、長さ約580ｍの連絡線を建設した。

　1980（昭和55）年3月27日には、銀座一丁目駅〜新富町駅間が開業。この頃になると、既存の地下鉄路線を避けて建設しなければならず、この区間では銀座線、都営浅草線、日比谷線のトンネルの下に建設された。

　1983（昭和58）年6月24日には、池袋駅〜営団成増（現・地下鉄成増）駅が開業。この区間では副都心線との複々線が予定されていたことがあり、この開業で、予めトンネルを2本余分に作っていた。

　同じ年の10月には、西武有楽町線の新桜台駅〜小竹向原駅間も開業し、直通運転を開始した。西武有楽町線は、有楽町線方面より飯能方面へと直通するためのバイパス路線で、新桜台駅〜練馬駅までが開業する間、地下1区間のみの営業となり、車両は営団の車両を借用しての営業だった。

　1987（昭和62）年8月25日には、営団成増駅〜和光市駅までが開業し、和光市駅からは東武東上線に直通し、川越市まで、一部は森林公園駅まで運転を開始した。この時に、有楽町線としては初めての車両基地が和光市に建設された。

　1988（昭和63）年6月8日には、新富町駅〜新木場駅間が開業し、支線部分を除く、有楽町線全線が開業した。新木場駅の先では、新たな車両基地が建設され、現在は社員の教育センターも併設するほどの、大規模な施設となっている。

　2008（平成20）年からは小田急電鉄が、千代田線を経由して新木場駅まで、ロマンスカー60000形で運転した「ベイリゾート」があった。小田急沿線から東京ディズニーリゾートに向かう旅客需要を想定したものだったが、2011（平成23）年に運行を終了している。

　現在は2017（平成29）年より、西武鉄道の所沢方面から座席指定有料列車「S-TRAIN」が運行されており、今後は豊住線開業に向けて、大きく変化することが見込まれる。今後も注目すべき路線である。

東京メトロ●有楽町線

駅名	営業キロ	ナンバリング	駅の構造	開業日	ホームドア	備考
和光市	0.0	Y01	地上	1987（昭和62）8.25	○	
地下鉄成増	2.2	Y02	地下	1983（昭和58）6.24	○	開業時は営団成増 2004（平成16）4.1 改称
地下鉄赤塚	3.6	Y03	地下	1983（昭和58）6.24	○	開業時は営団赤塚 2004（平成16）4.1 改称
平和台	5.4	Y04	地下	1983（昭和58）6.24	○	
氷川台	6.8	Y05	地下	1983（昭和58）6.24	○	
小竹向原	8.3	Y06	地下	1983（昭和58）6.24	○	
千川	9.3	Y07	地下	1983（昭和58）6.24	○	
要町	10.3	Y08	地下	1983（昭和58）6.24	○	
池袋	11.5	Y09	地下	1974（昭和49）10.30	○	
東池袋	12.4	Y10	地下	1974（昭和49）10.30	○	
護国寺	13.5	Y11	地下	1974（昭和49）10.30	○	
江戸川橋	14.8	Y12	地下	1974（昭和49）10.30	○	
飯田橋	16.4	Y13	地下	1974（昭和49）10.30	○	
市ケ谷	17.5	Y14	地下	1974（昭和49）10.30	○	
麹町	18.4	Y15	地下	1974（昭和49）10.30	○	
永田町	19.3	Y16	地下	1974（昭和49）10.30	○	
桜田門	20.2	Y17	地下	1974（昭和49）10.30	○	
有楽町	21.2	Y18	地下	1974（昭和49）10.30	○	
銀座一丁目	21.7	Y19	地下	1974（昭和49）10.30	○	
新富町	22.4	Y20	地下	1980（昭和55）3.27	○	
月島	23.7	Y21	地下	1988（昭和63）6.8	○	
豊洲	25.1	Y22	地下	1988（昭和63）6.8	○	
辰巳	26.8	Y23	地下	1988（昭和63）6.8	○	
新木場	28.3	Y24	地上	1988（昭和63）6.8	○	

駅開業日は有楽町線の駅としての開業日

半蔵門線

概要

　半蔵門線は、渋谷駅～押上駅まで運行されており、渋谷駅から中央林間駅までは東急田園都市線、押上駅からは東武スカイツリーラインを経由して、東武伊勢崎線の久喜駅及び東武日光線の南栗橋駅まで、相互乗り入れを行なっている。

　ラインカラーはパープル。最初に開業したのは、1978（昭和53）年8月1日の渋谷駅～青山一丁目駅までのわずか2.7kmだった。当時の営団は自社車両の導入を見送り、開業当初から相互直通運転を行った東急田園都市線（当時は東急新玉川線）の8500系を借用して、運行を行った。

　現在は1982（昭和57）年の半蔵門駅延伸開業に向けて1981（昭和56）年に導入した8000系と、後輩の08系、新顔の18000系の3世代が同居して活躍している。東急電鉄からは5000系と2020系、東武鉄道からは50000型、50050型が乗り入れてくる。

　そのため、優先席の位置などが各社統一されていないので、接近表示板には「東京メトロの車両です」「東急の車両です」と表示されるようになっている。なお、

半蔵門線はほぼ全ての列車が、東急田園都市線と直通する形態をとっており、都市交通審議会の答申から示す通り、二子玉川園駅～都心直通を一体で計画した路線ゆえだ。

　当時の営団も路線は建設するものの、車両とその他設備は東急電鉄任せで、自社の8000系の製造が開始された後は、東急電鉄で使用していた鷺沼駅に併設されていた検車区を譲り受け、営団が所有する鷺沼車両基地とした。

　名残として留置線の一部は、東急電鉄所有として残ったままである。半蔵門線の車両基地が、直通先の鷺沼に置かれていることから、車両の出し入れの都合上、直通先の駅から始発列車として運行を開始するダイヤが多い。また、日比谷線の車両基地である千住工場の定期検査の一部も、鷺沼で行うことになったため、日比谷線の車両が東横線、大井町線を介して入線してくるケースもある。

　直通に関して話を戻すと、田園都市線の中央林間駅から半蔵門線を経由し、東武日光線の日光駅・鬼怒川線の鬼怒川温泉駅までの通し運転は、物理的にも可能であり、2003（平成15）年3月29日と30日に、臨時列車として運行された実績

がある。

中央林間駅〜東武伊勢崎線の太田駅までも、2005（平成17）年〜2010（平成22）年のゴールデンウィークの臨時列車として運行されたことがある。

この臨時列車に使用された車両は、6両と4両を連結した10両編成の東武30000系で、日光・鬼怒川温泉行は南栗橋駅で、太田行は館林駅で、それぞれ6両と4両を切り離すことで、10両編成が入線できない区間にも直通した。

現在、車両は東上線に転属してしまったので、このような列車の運転もできなくなってしまった。

車両

1978（昭和53）年8月1日、渋谷駅〜青山一丁目駅まで半蔵門線が開業した。この区間は当時、営団車両の導入を行わず、東急電鉄から直通してきた8500系を使用しての開業となった。

そのため、開業式典においても、東急の車両が使用され、あくまでも東急電鉄新玉川（現・田園都市）線の延長区間という位置付けでもあった。半蔵門線用として初めて営団8000系車両が導入されたのは、1981（昭和56）年4月からで、半蔵門駅延伸に備えてのことだった。

8000系は千代田線6000系や、有楽町線7000系に続く兄弟車で、その流れを継承したデザインだが、東急電鉄との相互直通運転に対応するために、仕様変更

がなされている。

当初から冷房装置を搭載することを考慮し、屋根上に大きな蓋を付けた準備工事がされた状態で導入された。運転台も当時の東急電鉄の8500系に合わせ、1つのハンドルで加速減速が可能な「ワンハンドル方式」が採用され、台車は、日本では初めて本格採用となったボルスタレス台車を導入した。

ボルスタレス台車は、車両の軽量化と簡素化を図った画期的なもので、現在の多くの鉄道車両の台車に、採用されている方式である。その他にも、故障時に機器の状態を記憶するシステムも、営団で初めて採用されるなど、スタイルこそ6000系の流れを汲んでいるが、新しいメカニズムが、多く採用された車両であった。

最終的には10両編成・19本が活躍し、現在は新型車両の置き換えが進んでいるものの、今も活躍を続けている車両もあり、早いうちに写真や映像などで記録を残しておきたい車両の1つだ。

2003（平成15）年1月、押上駅延伸開業に備えて登場したのは08系だ。当時の営団0系シリーズの最終系列になった。デザインは、千代田線用06系や東西線用05系の流れを汲む形だが、半蔵門線としては初のVVVFインバーター制御車両となり、20年以上続いた8000系・8500系ばかりの半蔵門線に、新風を吹かせた存在である。

現在は10両編成・6本が現役で活躍

している。2021（令和3）年8月7日より営業を開始したのは、現在主力として走る18000系だ。有楽町・副都心線用の10000系シリーズの1つで、8000系を全て置き換える計画だ。

　同じ時期に製造された17000系と兄弟車となるので、17000系と共通の部品が多く、東京メトロの保守全体として、将来的なコスト削減も図っている。17000系と同様に、バリアフリーやユニバーサルデザインに対する配慮がされ、側面肩部分には、車椅子スペース・ベビーカースペースを表すマークも表示し、行き先表示器も、駅ナンバリングのマークまで、フルカラーで表示されるようになっている。

　18000系は最終的に、10両編成・19本製造される予定だ。また、半蔵門線は先述の通り自社車両の他、直通先の車両も乗り入れている。東急電鉄からは5000系と2020系が乗り入れ、5000系に関しては、2017（平成29）年まで、混雑緩和と乗降時間短縮のために、6ドア車が連結されていたこともあった。東武鉄道からは50050型をはじめ50000型も乗り入れている。

　東急2020系は、2018（平成30）年に

最初の半蔵門線車両8000系

営業を開始した車両で、2020（令和2）年に開催予定だった東京オリンピックを目指して導入された。田園都市線2020系の他、大井町線の6020系、目黒線用の3020系など、いわゆる東急電鉄の標準車両として増備を続けている。

東武鉄道50050型は、東武鉄道の標準型車両という位置付けで、2006（平成18）年に登場しており、伊勢崎・日光線のほか、東上線用に50000型、東上線地下鉄乗り入れ用に50070型、座席指定列車用に50090型が活躍している。

歴史

1968（昭和43）年の都市交通審議会答申第10号において、二子玉川園（現・二子玉川）駅〜蛎殻町（現・水天宮前）駅間を11号線として計画された。このうち、渋谷を境に、二子玉川園側を東急電鉄が建設し、蛎殻町側を営団が建設することになった。

元々渋谷駅〜二子玉川園駅間は、東急玉川（現・東急田園都市）線という軌道路線が運行されていた。この軌道線を地下化する目的で、当初は銀座線が直通運

0系シリーズの最終系列となった08系

最新型の 18000 系は今後も増備される

転する構想もあった。そのため、同区間
は東急電鉄が運行することも当初から計
画されていた。

　この計画の形は変わったが、現在の東
急田園都市線と半蔵門線の由来につな
がってくる。

　最初の開業である渋谷駅〜青山一丁目
駅間では表参道駅が改良され、方向別に
銀座線と同一ホームで、乗り換えが可能
になっている。これは銀座線が果たせな
かった二子玉川園方面へ、シームレスで
乗り換えを可能にしたものである。

　なお、同区間はすでに銀座線が運行し
ており、あくまでも東急新玉川線が都心
部への直通を果たしたという意味合いが

大きい。青山一丁目駅〜永田町駅間が開
業したのは、1979（昭和 54）年 9 月 21
日のこと。永田町駅はメガネ型シールド
駅として建設され、有楽町線との乗り換
え駅である上に、銀座線と丸ノ内線の赤
坂見附駅との接続もあり、ターミナル駅
に成長した。

　当時は青山一丁目駅〜永田町駅間は単
線運行だったが、1982（昭和 57）年 12
月 9 日からは、半蔵門駅開業に伴い、複
線運行となった。ここから三越前駅が開
業するまで、実に 7 年の月日が経った。
その理由の 1 つに、用地取得に大変手間
取ったことが挙げられる。

　さらに工事を開始し、3 年 8 ヶ月の長

期に渡ったシールド掘削を経て、ようやく開業にこぎ着けたという。三越前駅の延伸によって、九段下駅、神保町駅、大手町駅などが開業し、都心部を走る様々な地下鉄路線との乗り換えが可能になり、ネットワークが飛躍的に拡大した。

1990（平成2）年11月28日には、三越前駅〜水天宮前駅が開業。都市交通審議会が掲げていた11号線の全区間が完成した。水天宮前駅は、空港アクセスバスを運行しているリムジンバスのターミナル「東京シティエアターミナル」と接続されており、空港直結鉄道がなかった時代では、かなり賑わったようだ。

水天宮前駅〜押上駅間が開業したのは、2003（平成15）年3月19日で、同時に清澄白河駅、住吉駅、錦糸町駅が開業した。押上駅からは東武スカイツリー線に直通し、久喜駅・南栗橋駅まで運行する。東急田園都市線の中央林間駅から南栗橋駅まで運行する列車もあり、その距離は98.5kmに及ぶ。

また、九段下駅は2011（平成23）年12月15日深夜に、それまで壁で別々に仕切られていた半蔵門線と都営新宿線のホームを統合した。別々にあった改札口も、2013（平成25）年3月16日に統一化され、両線は改札を通らずに、乗り換えられるようになった。いずれも、当時の都営と東京メトロ一元化の中で起きた出来事であった。

東京メトロ●半蔵門線

駅名	営業キロ	ナンバリング	駅の構造	開業日	ホームドア	備考
渋谷	0.0	Z01	地下	1978（昭和53）8.1	○	駅開業日は東急田園都市線と乗り入れ開始日
表参道	1.3	Z02	地下	1978（昭和53）8.1	○	
青山一丁目	2.7	Z03	地下	1978（昭和53）8.1	○	
永田町	4.1	Z04	地下	1979（昭和54）9.21	○	
半蔵門	5.1	Z05	地下	1982（昭和57）12.9	○	
九段下	6.7	Z06	地下	1989（平成元）1.26	○	
神保町	7.1	Z07	地下	1989（平成元）1.26	○	
大手町	8.8	Z08	地下	1989（平成元）1.26	○	
三越前	9.5	Z09	地下	1989（平成元）1.26	○	
水天宮前	10.8	Z10	地下	1990（平成2）11.28	×	
清澄白河	12.5	Z11	地下	2003（平成15）3.19	×	
住吉	14.4	Z12	地下	2003（平成15）3.19	×	
錦糸町	15.4	Z13	地下	2003（平成15）3.19	○	
押上	16.8	Z14	地下	2003（平成15）3.19	○	

駅開業日は半蔵門線の駅としての開業日
ホームドアの状況は2023年6月12日現在

南北線

概要

　南北線は 1991（平成 3）年に開業した比較的新しい路線だが、歴史的に見ると計画は、戦後の高度成長期の 1962（昭和 37）年までさかのぼる。都市交通審議会答申第 6 号で、目黒方面から、飯倉片町、永田町、市ケ谷、駒込と王子を経由して、赤羽方面に至る 7 号線として答申された路線である。

　最終的には、目黒駅〜赤羽岩淵駅間が開業し、赤羽岩淵駅からは埼玉高速鉄道（さいたまスタジアム）線の浦和美園駅へ直通運転を行い、現在、目黒駅からは東急目黒線、新横浜線を経由して、相鉄の海老名駅まで乗り入れる列車もある。

　最初に開業したのは 1991（平成 3）年 11 月 29 日で、駒込駅〜赤羽岩淵駅間が開業した。この区間は 6.3km と短く、車両基地は王子神谷駅近くの地下に備えたため、完成した車両を地上から地下空間にクレーンで降ろす作業が行われた。

　南北線が開業した頃は、「ストアードフェアシステム」の導入計画が進められていた。これは、利用者が券売機で切符を購入する手間を省き、手持ちのプリペイドカードで直接自動改札に投入し、入

出場ができるというものだ。首都圏の鉄道では、南北線で最初に導入されたシステムだ。

　当時の南北線は、他の地下鉄との乗り換えがない開業だったため、独立性が高く、新技術の導入をしやすかったという背景がある。また「21 世紀を指向する、便利で快適な魅力ある地下鉄」をコンセプトとして、快適性の向上、ワンマン運転の実施、各駅にカラーリングデザインをしたホームドアの設置、建設費や運営費の低減、という様々なビジョンが策定された。そのため、本格的な ATO 自動列車運転装置を首都圏の鉄道で初めて正式採用し、運転士が車掌業務を兼務する形で運行している。

　ちなみに南北線の開業を機に、職員の制服もイメージチェンジが行われ、特徴のあるドゴール帽や緑を基調とした制服が採用された。また、白金高輪駅〜目黒駅間は都営地下鉄三田線との共同運行区間となっており、駅やトンネルの建設管理は東京メトロが行なっているものの、都営地下鉄も、営業区間として存在している。

　この区間は、同一の線路上を異なる事業者によって、地下鉄車両が運行される

という、全国でも珍しい運行形態となっている。南北線用として9000系が運行しているが、東西線から続くX000系シリーズで呼称されている。

しかし、実際は0系シリーズと同等の車体を持ち、当時の最新鋭車両と同じグレードとなっている。また、東急電鉄との直通運転を考慮して、20ｍ級の車体で集電方式も架空電車線方式が採用されている。現在は6両編成で運行しているが、将来的に8両編成に増車する予定である。

車両

開業当初から使用している9000系は、当時の最新鋭車両である銀座線01系や東西線05系からなる「0系シリーズ」を基本として設計された。当時の営団地下鉄として初めて、ワンマン運転に対応したATO自動列車運転装置を正式に装備した車両である。この技術は、列車を所定の位置に停止させ、さらに、ホームドアのセンサーを同期させることもできる。

最初の開業時には、4両編成と短かったが、現在は6両編成で運行されており、近い将来的には、8両編成で運転される予定である。

制御装置は営団初のVVVFインバーター制御装置を採用し、初期の9000系の一部編成は、車端部にクロスシートを備えている。全線開業し、直通先からの所要時間が長くなるため、旅客サービスの一環として装備していたようだ。

そのほかにも、今では当たり前になった車椅子スペースの設置なども行われ、現在と都市近郊の電車の先駆け的存在となっている。なお、2009（平成21）年に導入された第22編成と第23編成に関しては、大幅なモデルチェンジが行われ、前面のデザインが大きく変更されたほか、当時の最新鋭だった有楽町・副都心線用の10000系の要素を取り入れている。

近年では、初期に登場した編成から更新工事が行われ、行き先表示器のフルカラーLED化、編成中の動力比率の変更、空調装置の改善などが図られた。また外観は、路線識別帯の配置が変更となり、直通先のホームドア設置に対応したデザインになっている。

9000系は登場当初からの編成も含め、6両編成23本が現役で活躍している。なお、直通先からも他社の車両が乗り入れ、9000系と同一設計で開発された埼玉高速鉄道の2000系、東急目黒線からは3020系、5080系、3000系が直通しており、東急・相鉄新横浜線の開業で、相鉄21000系も乗り入れている。

また、相互直通運転は行っていないが、目黒駅〜白金高輪駅間において、都営地下鉄三田線との共同運行区間の関係で、都営地下鉄6300形と6500形が走行している。なお、埼玉高速鉄道の2000系は、9000系と共通設計である。当時の営団が、埼玉高速鉄道側に技術提供を行い、車両の共通化を図ったものだ。なお、独自の

サービスとしては、ドア上の案内表示器を大型の液晶ディスプレイに変更し、「サイネットビジョン」と称し、PR動画を流していた。

南北線では、東急・相鉄新横浜線の開業もあり、今まで以上に、様々な車両を見ることができる。

歴史

1962（昭和37）年の都市交通審議会答申第6号において、決定した路線である。計画そのものは高度成長期からあっ

たが、実際工事が始まったのは、1986（昭和61）年からで、1991（平成3）年11月29日に、駒込駅〜赤羽岩淵駅間の6.3kmが開業した。

1996（平成8）年3月26日に、駒込駅〜四ツ谷駅間（7.1km）が開業、それに合わせて2月3日より4両編成だった列車を6両編成に増結した。1997（平成9）年9月30日に、四ツ谷駅〜溜池山王駅間（2.2km）が開業、2000（平成12）年9月26日に溜池山王駅〜目黒駅（5.7km）が開業し全線開通となった。

順調に工事が行われたように思うが、

9000系リニューアル車はウェーブ状の帯に変更された

1993（平成5）年に、台風による集中豪雨の影響で、建設中の市ケ谷駅が浸水した。また、溜池山王駅〜飯田橋駅間を掘削中に、埋蔵文化財（江戸城外堀跡からの遺跡など）が多く発見され、調査が入るなどした。また既存の路線を避けるため、より地中深く建設されたことから、アップダウンの多い路線になっている。

南北線は、21世紀に向けた新しい地下鉄路線として、ワンマン運転を実施するためにATO自動列車運転装置の導入を始めた路線でもある。南北線で採用された技術は、次の副都心線の建設に応用できたほか、銀座線を始めとした東京メトロの他の路線にも、改良して取り入れられ、新たに建設される他社路線でも採用されることが多い。南北線が今日の都市鉄道の基礎を作ったと言っても、過言ではないだろう。

相互乗り入れは2001（平成13）年3月28日より、埼玉高速鉄道線との間で行われたのが最初だが、元々この路線は7号線の延伸部分として、南北線として建設される予定だった。しかし、情勢の関係から第三セクターとし、埼玉高速鉄道株式会社が運行することになった。

9000系リニューアル車の車内

目黒線と東横線の複々線区間を走る 9000 系と横浜高速 Y500 系

通常のホームドアを設置している目黒駅に停車中の 9000 系

赤羽岩淵駅〜浦和美園駅間を運行し、南北線は浦和美園駅まで直通している。目黒駅からは 2000（平成 12）年 9 月 26 日より、東急目黒線との相互直通運転を開始している。さらに、2023（令和 5）年 3 月 18 日からは東急新横浜線が開業し、メトロ車は新横浜まで相互直通をし

ている。

2016（平成 28）年の交通政策審議会答申第 198 号において、再び南北線の延伸が答申され、白金高輪駅〜品川駅間が計画されている。実現すれば、リニア中央新幹線との乗り換えが可能になり、さらなる利便性の向上が見込まれる。

東京メトロ●南北線

駅名	営業キロ	ナンバリング	駅の構造	開業日	ホームドア	備考
目黒	0.0	N01	地下	2000（平成 12）9.26	○	
白金台	1.3	N02	地下	2000（平成 12）9.26	○	
白金高輪	2.3	N03	地下	2000（平成 12）9.26	○	
麻布十番	3.6	N04	地下	2000（平成 12）9.26	○	
六本木一丁目	4.8	N05	地下	2000（平成 12）9.26	○	
溜池山王	5.7	N06	地下	1997（平成 9）9.30	○	
永田町	6.4	N07	地下	1997（平成 9）9.30	○	
四ツ谷	7.9	N08	地下	1996（平成 8）3.26	○	
市ケ谷	8.9	N09	地下	1996（平成 8）3.26	○	
飯田橋	10.0	N10	地下	1996（平成 8）3.26	○	
後楽園	11.4	N11	地下	1996（平成 8）3.26	○	
東大前	12.7	N12	地下	1996（平成 8）3.26	○	
本駒込	13.6	N13	地下	1996（平成 8）3.26	○	
駒込	15.0	N14	地下	1991（平成 3）11.29	○	
西ケ原	16.4	N15	地下	1991（平成 3）11.29	○	
王子	17.4	N16	地下	1991（平成 3）11.29	○	
王子神谷	18.6	N17	地下	1991（平成 3）11.29	○	
志茂	20.2	N18	地下	1991（平成 3）11.29	○	
赤羽岩淵	21.3	N19	地下	1991（平成 3）11.29	○	

駅開業日は南北線の駅としての開業日

副都心線

概要

　副都心線は、和光市駅から渋谷駅を結ぶ路線で、和光市駅〜小竹向原駅の区間は、有楽町線と駅や線路などの施設を共用している。

　志木駅〜池袋駅間は実質のところ、東武東上線と有楽町線の一部を複々線に建設したことで成り立っている。「志木〜和光市間は東上線の複々線区間では」と思われるだろうが、元々この副都心線は13号線として「1972（昭和47）年の都市交通審議会答申第15号」において、志木から和光市、池袋を通って新宿に至る路線として示された。東上線の複々線も13号線計画の一端で、8号線として計画された有楽町線が先に開通したため、それに合わせて複々線化された経緯がある。

　和光市駅〜小竹向原駅間は有楽町線との供用区間とし、小竹向原駅〜池袋駅間は有楽町線を建設した際に、あらかじめ準備工事を完了しており、1994（平成6）年12月7日に「新線」として開業している。当時は小竹向原駅〜池袋駅間がノンストップで、途中の千川駅、要町駅はホームがないため使用されず通過の処置

をとっていた。

　これは、相互乗り入れを行う西武鉄道が、新桜台駅〜練馬駅間を開業し、新線との相互直通運転を開始したためで、輸送力増強用に先行開業させた区間であった。

　この区間が副都心線に編入されるのは、2008（平成20）年6月14日に、池袋駅〜渋谷駅間が開業した時だ。副都心線は、和光市駅〜小竹向原駅間は、有楽町線との共用区間。小竹向原駅〜池袋駅間は有楽町線との複々線区間で、千川駅、要町駅の使用も開始した。

　池袋駅から渋谷駅間は副都心線として新規開業し、全線開業となった。2013（平成25）年3月16日からは、東急東横線・横浜高速鉄道みなとみらい線との相互直通運転を行い、2023（令和5）年3月18日からは、東急新横浜線と相鉄新横浜線が開業。南北線の列車のみ、新横浜まで直通する（ただし、副都心線の車両は従来通り横浜・元町中華街）。

　このように副都心線は、首都圏南部と北西部を連絡する路線となり、輸送形態的にも重要な路線の1つとなった。また座席指定列車も運転されており、土日中心のレジャー輸送目的に、みなとみらい

線の元町駅・中華街駅～西武秩父線の西武秩父駅間で運行されている。

使用車両は西武鉄道の「S-TRAIN」として40000系車両を使用している。それ以外にも列車種別が存在し、各駅停車、急行（Fライナーを含む）、通勤急行がある。各駅停車は東新宿駅で通過待ちを行うことがあり、東京メトロでは地下区間で通過待ちすることも注目だ。

また、南北線と同様にATO自動列車制御装置を使用したワンマン運転を行っており、プラットホームのホームドアも全駅で設置されている。なお、そのことに伴う必要経費として相互直通運転を行う他社車両（東武・西武・東急など）の改造費用は、東京メトロが負担している。

当初東京メトロは「自社車両の改造は自社車両で行う。」という考えがあったため、そのやりとりが直通運転開始に影響を及ぼす懸念もあったが、協議の結果、東京メトロ側が機器の使用権利を持つことで負担することとなった。

車両

副都心線用として登場した10000系が最初に落成したのは2006（平成18）年で、10両編成4本。副都心線は当時未開業だったため、有楽町線のみでの運用開始となった。

10000系という形式は、東京メトロに移行してから、初めて新規で設計された形式で、その後の東京メトロ全車両の基礎となった車両である。有楽町線の説明でも記したが、副都心線と有楽町線は車両を共用しており、従来から有楽町線で使用されていた7000系も、ワンマン運転が可能なように改造され、10000系と共通運用が行われている。

10000系は、営団地下鉄時代に培われた技術を継承し、さらに発展させた車両で、コンセプトは「快適さやリサイクル性の向上、火災対策強化、車体強度の向上、製造及びメンテナンスコストの削減」など、先を見据えた上で、使い勝手の良さを目的に設計された。

車体はアルミ合金製だが、ダブルスキンと呼ばれている大型押し出し成形による構体で、歪みなどは一切生じることなく、表面は実に円滑な車体になっている。ラインカラーはブラウンで、有楽町線を表すゴールド「黄土色」帯も入っている。また帯の位置は側面腰部にも入るが、窓上の部分にも入る。

これは、ホームドアで腰部の帯が隠れてしまい、路線識別を判別しにくくなってしまう対策からだ。なお、改造された7000系も、それに準じたラインカラーに変更されており、運転台も10000系に合わせて、ワンマン運転・ホームドア対応のワンハンドル式の運転台に改造された。

2020（令和2）年1月に落成したのは、17000系である。老朽化した7000系を全て置き換える目的で登場した。同車両も10000系をベースとしているが、前面

のデザインがより優しいイメージで、ライト類を含めて、全体的に丸みを帯びたデザインだ。

　7000系のデザインを継承し、7000系で不足していたサービス（冷房能力の向上や、座席幅の拡大など）、旅客の居住性が向上している。さらに、車椅子利用者やベビーカーを使用する旅客において、ホームでの乗り降りがスムーズになるよう、ドア付近の床が、ホーム側に向かって10度傾斜している。

　東京メトロは、直通列車を含み8両編成、10両編成で運転されており、基本的に各駅停車は東横線の各駅停車駅ホーム有効長の関係で8両編成を使用し、急行などの優等列車は10両編成で運転されることが多い。

　相互直通運転では、東武、西武、東急、横浜高速鉄道、相模鉄道などの車両が乗り入れてくるが、東急電鉄（横浜高速を含む）・相模鉄道以外は、有楽町線と同じ条件なので、割愛させていただく。

　東急電鉄からは5000系、5050系が直通し、横浜高速鉄道（みなとみらい線）からはY500系が乗り入れる。これらの形式は、基本的に同一設計・同デザイン

東横線を走る10000系の特急

である。また相鉄からは 20000 系が乗り入れてくる。

歴史

　副都心線のルーツは、1972（昭和47）年3月1日に、都市交通審議会第15号において答申された13号線である。

　埼玉県の志木から和光市、成増、池袋、諏訪町、新宿を経由して渋谷、品川、羽田方面に至る路線とした。

　元々有楽町線と並行している部分が多いため、当初は8号線（有楽町線）の一部として考えられていた時期があり、有楽町線との車両の共通化や車両基地の共用も、その流れからだと思われる。

　現在の副都心線の小竹向原駅〜池袋駅間は、有楽町線と複々線で計画されていたため、有楽町線建設時に、トンネルなど構造物の設置工事はすでに行われていた。有楽町線の小竹向原駅開業時には、準備工事が完了した状態にあった。つまり、副都心線の一部区間は、昭和時代に掘削が完了していたのだ。

　この部分は、副都心線開業に先行して1994（平成6）年12月7日に開業して

2020 年に登場した 17000 系

たまご形の吹き抜けがある渋谷駅

おり、同時に小竹向原駅から新桜台駅を結んでいた西武有楽町線も、西武池袋線の練馬駅まで開業した。西武線側からの直通列車が大幅に増便するための開業となった。

　副都心線に編入されるまでは「新線」と呼ばれており、有楽町線の支線的な役割であった。副都心線の池袋駅〜渋谷駅間が開業したのは、2008（平成20）年。池袋、新宿、渋谷など東京の副都心を結ぶ路線として需要を果たしているが、JRの鉄道路線である山手線や埼京線と並行

し、それら路線の混雑緩和にも貢献している。

　副都心線は、南北線で培ったコンセプトを基に「ユニバーサルデザイン（人に優しく、利用しやすい地下鉄）」を目指して設計され、各駅で、すべての人にとって使いやすい駅を目指した。

　地上の駅の入口から改札、ホームへの移動に、エレベーターやスロープなど、様々な設備を導入した。男女別に多機能トイレを設置し、駅構内に設置しているベンチも、誰もが使いやすいデザインを

採用。ゆったりと座れる幅と、立ち上がりやすい座面を使用した。その他、自動券売機なども、使いやすいように工夫が施されている。

2013（平成25）年3月16日からは、東横線が副都心線と相互直通運転を開始した。当時、副都心線は東京メトロを含めると、5社12種類の車両が往来しており、発着点が様々なことから運転系統が複雑化し、平面交差を行う小竹向原駅では、一度ダイヤの乱れが発生すると、大規模な運行障害に発展してしまうことも少なくなかった。

そこで、運行系統を立体的に振り分けるために、有楽町線の小竹向原駅〜千川駅間に追加工事が行われた。連絡線を設置し、平面交差を解消するためだ。そして2016（平成28）年2月14日、連絡線に係るすべての工事が完了し、輸送の安定性を向上させた。

最近では2023（令和5）年3月18日に、東急・相鉄新横浜線が開業し、副都心線関係は新横浜までで、東武・西武は中華街のみの車両運用となっている（自社車両の相鉄線内での運用はない）。

東京メトロ●副都心線

駅名	営業キロ	ナンバリング	駅の構造	開業日	ホームドア	備考
和光市	0.0	F01	地上	1987（昭和62）8.25	○	
地下鉄成増	2.2	F02	地下	1983（昭和58）6.24	○	開業時は営団成増　2004（平成16）4.1 改称
地下鉄赤塚	3.6	F03	地下	1983（昭和58）6.24	○	開業時は営団赤塚　2004（平成16）4.1 改称
平和台	5.4	F04	地下	1983（昭和58）6.24	○	
氷川台	6.8	F05	地下	1983（昭和58）6.24	○	
小竹向原	8.3	F06	地下	1983（昭和58）6.24	○	
千川	9.4	F07	地下	1983（昭和58）6.24	○	2008（平成20）6.14 副都心線のホーム設置
要町	10.4	F08	地下	1983（昭和58）6.24	○	2008（平成20）6.14 副都心線のホーム設置
池袋	11.3	F09	地下	1994（平成6）12.7	○	開業時は新線池袋　2008（平成20）6.14 改称
雑司が谷	13.1	F10	地下	2008（平成20）6.14	○	
西早稲田	14.6	F11	地下	2008（平成20）6.14	○	
東新宿	15.5	F12	地下	2008（平成20）6.14	○	
新宿三丁目	16.6	F13	地下	2008（平成20）6.14	○	
北参道	18.0	F14	地下	2008（平成20）6.14	○	
明治神宮前	19.2	F15	地下	2008（平成20）6.14	○	
渋谷	20.2	F16	地下	2008（平成20）6.14	○	

和光市〜池袋間は有楽町線として先行開業
駅の開業日は副都心線・有楽町線の駅としての開業日

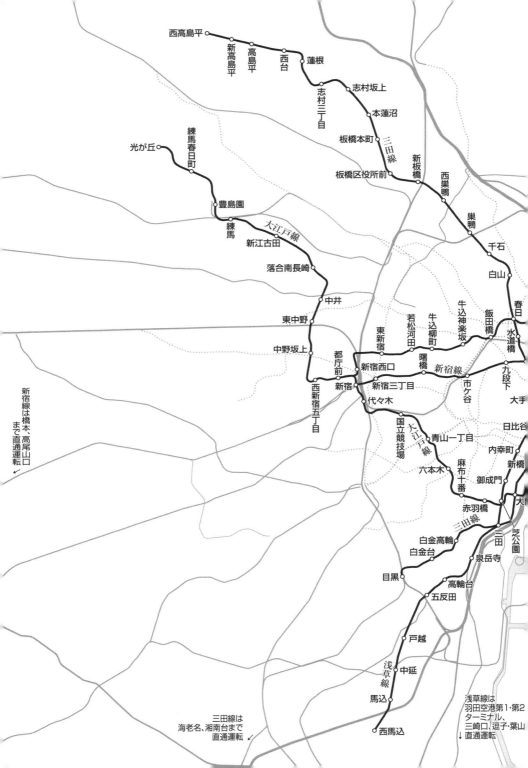

西高島平
新高島平
高島平
西台
蓮根
志村坂上
志村三丁目
本蓮沼
板橋本町
三田線
板橋区役所前
新板橋
西巣鴨
巣鴨
千石
白山
春日
水道橋
飯田橋
九段下
大手
光が丘
練馬春日町
豊島園
練馬
大江戸線
新江古田
落合南長崎
中井
東中野
牛込神楽坂
牛込柳町
若松河町
東新宿
曙橋
新宿線
市ケ谷
中野坂上
都庁前
新宿西口
新宿三丁目
日比谷
西新宿五丁目
新宿
代々木
国立競技場
大江戸線
青山一丁目
内幸町
新橋
御成門
六本木
麻布十番
大
赤羽橋
三田線
白金高輪
三田
白金台
泉岳寺
芝公園
目黒
高輪台
五反田
戸越
中延
浅草線
馬込
西馬込

新宿線は橋本、高尾山口まで直通運転 ←

三田線は海老名、湘南台まで直通運転 ↙

浅草線は羽田空港第1・第2ターミナル、三崎口、逗子・葉山まで直通運転 ↓

浅草線は成田空港、印旛日本医大まで直通運転

浅草線は成田空港、芝山千代田まで直通運転、

本八幡

篠崎

瑞江

東大島

船堀

一之江

新宿線

上野御徒町

新御徒町

浅草

浅草線

押上

本所吾妻橋

蔵前

大江戸線

岩本町

浅草橋

両国

馬喰横山

東日本橋

浜町

森下

菊川

住吉

西大島

大島

清澄白河

日本橋

門前仲町

宝町

銀座

市場

月島

勝どき

都営地下鉄路線図

浅草線

概要

　最初に開業したのは、押上駅〜浅草橋駅間。当初から京成電鉄と京浜急行電鉄が、相互直通運転を行うことを前提とされ、3社局で協議を行った結果、線路幅は1435㎜が採用され、製造した車両の規格も統一化された。

　東京都は5000形を製造。車体形状は、当時東京の地下鉄として、最新鋭だった営団丸ノ内線500形をモチーフとした片側3扉の18ｍ車体。相互直通運転に必要な保安装置を追加して、2両編成からスタートした。(最終的には8両編成になった。)

　また、開業当時は路線名称がなく、構内の案内板などには「都営地下鉄線」としか表示されていなかった。

　しかし、6号線(後の三田線)が開業すると、東京都市高速鉄道網で割り振られた1号線と名乗り、10号線(新宿線)の開業にあたり、都営地下鉄の路線にも路線名が与えられ、1号線は「浅草線」と呼ばれるようになった。

　浅草線が全線開業したのは1968(昭和43)年11月15日。押上駅〜西馬込駅を結ぶ全長18.3㎞の路線である。現在は押上駅から京成電鉄を経由して北総鉄道、芝山鉄道、成田スカイアクセス線と相互直通運転を行い、泉岳寺駅からは西馬込方面と分岐して、京浜急行との相互直通運転を行っている。

　ここまで相互直通運転の多い路線は珍しく、実に5社局に渡って運転されている。また京成電鉄は成田空港に。京浜急行は羽田空港にと、どちらも空港へのアクセスが可能なことから、日本の鉄道で唯一、両空港を乗り換えなしで結ぶ、アクセス特急も運行されている。

　入線車両は多岐に渡り、各車両で共通の基準には達しているものの、微妙な仕様の違いがある。ホームドア設置に関して、従来の運用システムでは限界があり、ドア窓部分に貼り付けられたQRコードを、駅のカメラで読み取り、ホームドアと連動させるシステムを採用している。

車両

　開業当初に導入された5000形は、計画された時点から、京成電鉄と京浜急行電鉄との間で交わされた「1号線直通車両規格」に照合するように設計された。車体全長18ｍ、片側3扉で、車体の材質

は鋼製。登場当初は2両編成だったが、延伸開業をして行くたびに4両、6両編成と増え続け、最終的に8両編成になった。

車体前面は、腰部に2灯の前照灯を備え、外装のカラーリングは、クリームとオレンジのツートンカラー。境目にシルバーの飾り帯が入るデザインで、当時直通していた京成電鉄の3000形に合わせたものと思われるが、1981（昭和56）年の車体更新時には、クリームに赤帯が入るデザインに変更された。

5000形は全車両が電動車で、2両1ユ

ニットであったため、偶数両数での増車となった。1976（昭和51）年になると、5000形の増備車両としてデザインが一新された、5200形（当時は、5000形6次車と呼ばれた。）が登場。

走行機器はそのままであるものの、ステンレス車体を採用した。当時並行して製造されていた三田線用の6000形とよく似た形状となり、路線識別帯も朱色が巻かれた。鋼製車体の5000形と共に、浅草線の一時代を担った両形式だが、5000形は1995（平成7）年7月2日に、5200形は2006（平成18）年11月3日に、

現在の主力となる5500形

それぞれ引退した。

1991（平成 3）年 3 月 31 日に登場した 5300 形は、老朽化した 5000 形と 5200 形を置き換える目的で、1998（平成 10）年までに 8 両編成 27 本が製造された。

車体の材質はアルミ合金車体で、アーバンホワイトを基調とし、レッドとダークブラウンの帯を配置したデザインである。当初はホワイトの発色が良かったが、地下区間では特に汚れが目立ち始めたため、汚れのつきにくい塗料に変えたようで、ややグレー味がかかった塗色になった。

8 両編成中の 4 両（1、3、6、8 号車）が電動車だが、先頭車両が電動車なのは、重量を重くさせるためだ。これは京浜急行からの要望で、列車位置を検知させるシステムの精度向上と、踏切などで自動車と衝突した時に、転覆や敷地外への逸脱を防止することになる。

初代 5000 形から受け継がれ、京浜急行を走るすべての列車に適用されたルールである。

また都営地下鉄では初めて、VVVF インバーター制御が採用された。5300 形は 2023（令和 5）年 2 月で全て引退した。2018（平成 30）年 6 月 30 日より営業を開始したのは、現在主力として活躍する 5500 形である。5300 形を置き換えるための登場だが、浅草線開業 60 周年を迎え、リニューアルの一環としても導入された。

「日本らしさとスピード感が伝わる車両」をコンセプトとして、2021（令和 3）年に開催された東京オリンピック 2020 大会を意識し、国際的にも日本のイメージで、かつ浅草線沿線とゆかりのある「歌舞伎」の「隈取」がデザインされている。車内のデザインも、和のイメージそのままに、和紙をモチーフとした内装板、妻面壁に竹をイメージした模様を採用している。全体的に和の雰囲気で日本のおもてなしを感じる。現在 8 両編成 27 本が活躍中。

歴史

戦後の地下鉄建設は、当時の帝都高速度交通営団（営団地下鉄）のみが行うと定められていたが、高度成長期に東京周辺の人口は膨れ上がり、地下鉄などの交通機関の整備が急務であった。

需要が建設していくスピードを上回り、営団地下鉄単独では、東京の地下鉄を建設していくのは困難であり、東京都も、地下鉄を建設していくことになった。

1956（昭和 31）年の都市交通審議会答申第 1 号を受け、1957（昭和 32）年 6 月 17 日に発表された建設省告示第 835 号「東京都市計画高速鉄道網」などを経て、最終的に 1 号線馬込東〜車町〜田町駅〜浜松町〜宝町〜浅草橋〜押上駅となり、現在の浅草線のルートの原形となった。（現在は馬込〜五反田〜泉岳寺〜田町〜新橋〜日本橋〜浅草橋〜押上間。）

建設が始まったのは、1958（昭和 33）

年8月27日。ここでの難所は、本所吾妻橋駅～浅草駅間にある隅田川の存在で1号線はこの川底を潜るルートとなっており、大河底に地下鉄建設をするのは前例がなかった。

この時採用されたのは、コンクリート製の箱を沈めて、つなげる方式の「ケーソン工法」。浅草など下町界隈は海が近く、地盤も軟弱であったため、難工事の連続だったという。

最初の押上駅～浅草橋駅間が開業したのは、工事開始から2年後の1960（昭和35）年12月4日である。1号線（後

の浅草線）は、計画当初から京成電鉄と京浜急行との相互直通運転が計画されていたが、線路の幅（軌間）を統一するため、京浜急行に合わせた1435㎜で建設された。

そのため、京成電鉄は1372㎜から改軌することになったが、これは3社局で1番車両数の多い京浜急行に合わせることになったからだ。

またこの相互直通運転は、民鉄と公営の地下鉄が行う初の乗り入れであり、郊外から都心に乗り換えなしで行けることに、大きな注目が集まった。当初は地下

2023年に引退した5300形

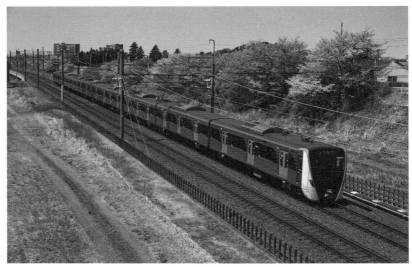

北総線を走る 5500 形

区間のみの開業で、車両基地を持つことはできなかったが、押上駅から先の京成八広駅付近に、「向島検修区」を設置し、都営地下鉄の車両保守点検を行っていた。

最初に導入された車両は 5000 形。2 両編成全電動車で両開き式の片側 3 扉、オーソドックスな車両だったが、京成、京急、都営で協議した「1 号線車両共通規格」に基づいて設計された標準車両といえる。

1962（昭和 37）年 5 月 31 日には、浅草橋駅〜東日本橋駅間が開業。（但し、工事中に地盤陥没事故で死傷者が発生したため、処理や対策の都合で単線区間で

の開業となった。）

同年 9 月 30 日に、東日本橋駅〜人形町駅間が開業。（浅草橋駅〜東日本橋駅間も複線化。）また、同じ年の都市交通審議会答申第 6 号では、「第 1 号線は品川方面より田町、新橋、浅草橋及び浅草の各方面を経て押上方面に至る路線」と設定され、ようやく全線開業までの道筋ができた。

1963（昭和 38）年 2 月 28 日に、人形町駅〜東銀座駅間が開業。東銀座駅では、同時期に開業した営団日比谷線との乗り換えが可能になり、利便性が向上した。同年 12 月 12 日に新橋駅まで開業、1964（昭和 39）年 10 月 1 日に新橋駅〜大門

駅間が開業、1968（昭和43）年6月21日に大門駅～泉岳寺駅が開業、同日に京浜急行線泉岳寺駅～品川駅間も開業したことにより、京浜急行との相互直通運転を開始した。同じ年の11月15日には、泉岳寺駅～西馬込駅間の全線開業となった。

現在では、京成電鉄（千葉方面）と京浜急行（神奈川県方面）を結ぶ重要な路線となったが、空港間を結ぶアクセス路線としての役割のほか、終夜運転では、普段は直通設定のない京成金町駅～京急川崎駅を結ぶ、限定の運用も行った。鉄道ファン向けのイベントが、馬込検修場で行われた時には、京成スカイライナー（AE100形）を回送運用ではあるが、入線した実績もある。

また馬込検修場は、大江戸線の車両も担当しているため、新橋駅～大門駅間に大江戸線との連絡線を設置し、大江戸線の車両も入線する。なお、1号線は1978（昭和53）年7月1日に、路線名称を1号線から都営浅草線に変更しているが、2000（平成12）年からは、都営を省略した「浅草線」が正式名称になっている。

都営地下鉄●浅草線

駅名	営業キロ	ナンバリング	駅の構造	開業日	ホームドア	備考
押上	0.0	A20	地下	1960（昭和35）12.4	×（＊）	
本所吾妻橋	0.8	A19	地下	1960（昭和35）12.4	○	
浅草	1.5	A18	地下	1960（昭和35）12.4	○	
蔵前	2.4	A17	地下	1960（昭和35）12.4	○	
浅草橋	3.1	A16	地下	1960（昭和35）12.4	○	
東日本橋	3.8	A15	地下	1962（昭和37）5.31	○	
人形町	4.5	A14	地下	1962（昭和37）9.30	○	
日本橋	5.3	A13	地下	1963（昭和38）2.28	○	開業時は江戸橋 1989（平成元）3.19改称
宝町	6.1	A12	地下	1963（昭和38）2.28	○	
東銀座	6.9	A11	地下	1963（昭和38）2.28	○	
新橋	7.8	A10	地下	1963（昭和38）12.12	○	
大門	8.8	A09	地下	1964（昭和39）10.1	○	
三田	10.3	A08	地下	1968（昭和43）6.21	○	
泉岳寺	11.4	A07	地下	1968（昭和43）6.21	○	
高輪台	12.8	A06	地下	1968（昭和43）11.15	○	
五反田	13.5	A05	地下	1968（昭和43）11.15	○	
戸越	15.1	A04	地下	1968（昭和43）11.15	×	
中延	16.2	A03	地下	1968（昭和43）11.15	×	
馬込	17.1	A02	地下	1968（昭和43）11.15	×	
西馬込	18.3	A01	地下	1968（昭和43）11.15	×	

駅の開業日は浅草線の駅としての開業日
ホームドアは2023年8月12日現在
（＊）順次設置中 8月27日～1月14日設置、10月18日～2024年2月20日運転開始

三田線

概要

　三田線は、東京都が建設する地下鉄としては2番目の路線として開業した。開業当初は路線名がなく「6号線」と呼ばれ、当時1号線と名乗っていた浅草線と同様に、東京都市高速鉄道第6号線から由来している。

　三田線は、1968（昭和43）年12月27日に、巣鴨駅〜志村（現・高島平）駅間が開業したのが始まりで、現在は西高島平駅〜目黒駅間26.5kmを結んでいる。

　白金高輪駅〜目黒駅間は、東京メトロ南北線と線路を共用しているため、同区間の運営者は東京メトロが第1種、東京都交通局が第2種となっている。

　そのため、この区間を通る運賃計算も、特殊な方法が適用されている。さらに、東京メトロ南北線の環境に合わせて、ホームドアの設置やワンマン運転の実施も早期に行われた。

　目黒駅からは東急目黒線に直通し、さらに日吉駅からは東急・相鉄新横浜線を経由して、海老名、湘南台方面まで運転されている（ただし、都営車は新横浜まで）。

　現在は、共用線区と相互直通運転の関係から様々な列車が乗り入れており、自局の三田線の6300形、6500形のほか、東急電鉄の3000系、5080系、3020系が直通している。

　なお、白金高輪駅〜目黒駅は東京メトロ南北線に直通する東京メトロ9000系や相鉄からは21000系、埼玉高速鉄道の2000系も走行する。三田線は全区間地下の浅草線と異なり、志村坂上駅の先から西高島平駅間は、地上の高架線となっている。

　地上高架線区間は5.2km。車両基地は西台駅が最寄りとなり、入出庫は高島平駅で行う。地理的には、西台駅のすぐ横に位置し、都営住宅の下層階を志村車両検修場としている。

　ちなみに三田線の規格は、線路幅1067mm、使用電圧は直流1500V、架空電車線方式だが、これは計画当初から、相互直通運転を考慮したものである。

　目黒方向から直通する東急ではなく、高島平方向から直通の計画があった名残で、この計画が中止されたことにより、三田線の歴史は思わぬ方向に流れてしまった。このことは、歴史の部分で紹介したい。

車両

　三田線開業当初の車両は6000形で、当時、東武東上線との相互直通運転が計画されていたことがあり、車両の規格も東武鉄道に沿ったものとなっていた。

　全長20ｍ級、片側4扉の両扉式で、都営地下鉄としては初めてのセミステンレス車体が採用された。当初は4両編成14本、全車電動車で導入され、路線識別帯は「赤」を巻いていた。当時は路線ごとのシンボルカラーについて規定はなく、自由に塗られていた。

　しかし、昭和40年代に、当時の営団地下鉄（現・東京メトロ）との擦り合わせの結果、東京を走る地下鉄は、個別のシンボルカラーを設定することになり、赤は丸ノ内線に譲ることとなった。

　そのため、三田線（当時の路線名称は6号線）は、1970（昭和45）年からシンボルカラーが「青」に変わり、6000形すべての車両の帯を「青」に塗り替えた。1972（昭和47）年の巣鴨駅〜日比谷駅間の延伸開業では、6両編成を9本増備し、輸送力増強を図った。

　その後、延伸開業のたびに増備され、最終的に6両編成28本が製造された。正面のスタイルはシンプルながらも、運転台が高い位置にあり、窓もその分小さくなった。これは、東武鉄道からの要請で、踏切事故対策として、衝突の際に運転台が潰されないように配慮した設計である。思い返してみれば、当時の東武東

上線の主力だった8000系も、確かに運転台が高い位置にある。

　6000形は1999（平成11）年11月28日に三田線での運行を終了したが、現在は地方の鉄道路線で活躍する姿を見られる。例えば熊本電気鉄道では、1995（平成7）年〜2001（平成13）年にかけて、2両編成5本が譲渡された。

　同鉄道では、東京メトロ銀座線で活躍した01系や同日比谷線で活躍した03系も在籍し、ちょっとした東京の地下鉄車両・動態保存博物館状態になっている。

　一方、都心から近い埼玉県の秩父鉄道では、1999（平成11）年に3両編成4本が譲渡され、現在は3両編成3本が運行している。編成は短縮されたものの、三田線で活躍した当時そのままの姿で運行されている。

　6300形は1993（平成5）年〜2000（平成12）年にかけて製造された車両で、三田線の冷房化を進めたほか、東急線への相互直通運転を考慮した設計となった。またワンマン運転を行うATO自動列車制御装置を備えた南北線車両と共有する区間を走行するため、同等の設備を設置し、三田線の近代化に貢献した車両である。

　車体はステンレス製だが、コルゲートの少ない車体で路線識別帯は塗装せず、シンボルカラーの青いテープと、登場時の6000形を彷彿させる赤い帯を巻いている。設計当初から8両編成を想定したこともあり、中間車の5と6号車を抜いた形で、編成が組成されている。

制御装置は VVVF インバーター制御で、運転台は東急側の事情にあわせ、ワンハンドルマスコンとした。

2022（令和 4）年 5 月 14 日に運行を開始した新型車両の 6500 形は、三田線歴代の車両では 3 代目に当たり、2023(令和 5) 年 3 月に開業した、東急・相鉄新横浜線の規格に合わせた形状である。編成も従来の 6 両編成から 2 両増結した 8 両編成となった。

6500 形はユニバーサルデザインを取り入れ、デザインの基本構想である「スマート＋コンフォート」をコンセプトとして、三田線のイメージを大きく変えた車両だ。スタイルは直線的で、アルミ車体を採用している。その円滑な車体は、ダブルスキン構造と呼ばれるもので、歪みの少ないものに仕上がっている。

現在 8 両編成 13 本が導入され、6300 形の一部を置き換えたが、今後の増備は発表されておらず、動向が気になるところだ。なお、三田線車両は東急新横浜線の新横浜駅までは乗り入れるものの、その先は東急車、相鉄車に限られている。

三田線の最新鋭車 6500 形

歴史

　三田線は、現在の浅草線の一部として考えられた時期があり、1962（昭和37）年6月8日の都市交通審議会第6号の答申で、西馬込〜五反田〜泉岳寺〜日比谷と巣鴨を経由して、志村に至る路線と設定された。

　1964（昭和39）年に、志村〜大和町（現在の和光市）に延伸するルートと、泉岳寺〜西馬込間は1号線（現在の浅草線）として延伸する計画に変更がされた。

　当時、西馬込駅〜泉岳寺駅間は、浅草線は建設されておらず、6号線（三田線）として開業する予定だった。しかし、この計画は幾度も変更された経緯があり、1968（昭和43）年4月10日の都市交通審議会答申第10号では、始発を桐ヶ谷方面とし、五反田、三田、日比谷、春日町、巣鴨、板橋方面を経由して、大和町（現在の和光市）に至る路線として変更された。

　桐ヶ谷とは、かつて東京急行電鉄（現・東急電鉄）池上線の駅があった場所で、

1993年に登場した6300形も一部が廃車となった

地上区間の新高島平駅に停車中の 6300 形

そこから東急池上線との相互直通運転を行う計画があった。実はこの答申第 10 号が出される前に、東急と東武から都営地下鉄との相互直通運転を希望する申し出があったため、この答申で桐ヶ谷と和光市が明記された。

当時東京都交通局は、車両基地の問題などから、車両や軌道の規格を浅草線に合わせようと考えていたが、直通を希望した東急と東武に合わせて 1067mm を採用することになり、車両も両社の規格に合わせた 6000 形を製造した。

しかし、1965（昭和 40）年 1 月に東急電鉄が、建設を受け持つことになっていた桐ヶ谷～泉岳寺間において、「先行投資となる」ことを理由に同意をしない、と申し出てきた。同区間の建設ができなくなり、東急池上線との相互直通運転は、

計画段階で廃止になった。

東武鉄道もこの時期から、相互直通運転に対して消極的な姿勢になったと言われ、最終的に 1972（昭和 47）年 3 月 1 日の都市交通審議会答申第 15 号では、東急・東武の相互直通ルートは撤回され、大宮市西部～三田～清正公前（現・白金高輪）～港北ニュータウンに変更された。計画当初考えられていた東武東上線と東急池上線との相互直通運転は実現されることなく、幻として消えてしまった。

なお、西高島平駅～高島平駅間は東武鉄道が建設免許を保有していたが、東京都交通局に譲渡され、6 号線は全線で、東京都交通局が保有する路線となった。いずれにしても直通相手の都合に合わせて建設したにも関わらず、最終的にフラれてしまうという前代未聞の事態であっ

た。(なお、東急電鉄に関しては、2000(平成12)年に目黒線との相互直通運転を果たしている。)

最初に開業したのは1968(昭和43)年12月27日の巣鴨駅〜志村(現・高島平)駅間で、以降は順調に延伸開業していき、1973(昭和48)年4月28日には日比谷駅〜三田駅間が開業した。

1976(昭和51)年5月6日高島平駅〜西高島平駅間の開業後、しばらく延伸開業がなかったが、2000(平成12)年9月26日の三田駅〜目黒駅間の開業を以

て、全線開業となった。

また三田線(6号線)にとって悲願だった他社線との相互直通運転も、東急目黒線との間で行われ、さらに2023(令和5)年3月18日からは、東急・相鉄新横浜線の開業で、相鉄線の海老名、湘南台まで直通する列車もある(但し、都営車は新横浜まで)。

なお、6号線の路線名称は1978(昭和53)年7月1日に「都営三田線」に改称され、2000(平成12)年4月20日には「三田線」に改められた。

都営地下鉄●三田線

駅名	営業キロ	ナンバリング	駅の構造	開業日	ホームドア	備考
目黒	0.0	I01	地下	2000(平成12)9.26	○	
白金台	1.3	I02	地下	2000(平成12)9.26	○	
白金高輪	2.3	I03	地下	2000(平成12)9.26	○	
三田	4.0	I04	地下	1973(昭和48)11.27	○	
芝公園	4.6	I05	地下	1973(昭和48)11.27	○	
御成門	5.3	I06	地下	1973(昭和48)11.27	○	
内幸町	6.4	I07	地下	1973(昭和48)11.27	○	
日比谷	7.3	I08	地下	1972(昭和47)6.30	○	
大手町	8.2	I09	地下	1972(昭和47)6.30	○	
神保町	9.6	I10	地下	1972(昭和47)6.30	○	
水道橋	10.6	I11	地下	1972(昭和47)6.30	○	
春日	11.3	I12	地下	1972(昭和47)6.30	○	
白山	12.7	I13	地下	1972(昭和47)6.30	○	
千石	13.7	I14	地下	1972(昭和47)6.30	○	
巣鴨	14.6	I15	地下	1968(昭和43)12.27	○	
西巣鴨	16.0	I16	地下	1968(昭和43)12.27	○	
新板橋	17.0	I17	地下	1968(昭和43)12.27	○	
板橋区役所前	17.9	I18	地下	1968(昭和43)12.27	○	
板橋本町	19.1	I19	地下	1968(昭和43)12.27	○	
本蓮沼	20.0	I20	地下	1968(昭和43)12.27	○	
志村坂上	21.1	I21	地下	1968(昭和43)12.27	○	
志村三丁目	22.0	I22	地上	1968(昭和43)12.27	○	
蓮根	23.2	I23	地上	1968(昭和43)12.27	○	
西台	24.0	I24	地上	1968(昭和43)12.27	○	
高島平	25.0	I25	地上	1968(昭和43)12.27	○	開業時は志村 1969(昭和44)8.1改称
新高島平	25.7	I26	地上	1976(昭和51)5.6	○	
西高島平	26.5	I27	地上	1976(昭和51)5.6	○	

駅開業日は三田線の駅としての開業日

新宿線

概要

　新宿線は、新宿駅から千葉県の本八幡駅を結ぶ路線である。最初に開業したのは、1978（昭和53）年12月21日の岩本町駅〜東大島駅間。計画時は10号線と呼ばれたが、開業前の同年7月1日に、都営地下鉄の全路線に名が与えられ、10号線は開業当初から都営新宿線と呼ばれていた。

　ちなみに東大島駅は、全国でも珍しく区境の河川の上（旧中川の上）に建設された駅で、地下鉄でありながら高架駅という特異な事情がある。車両基地も東大島駅付近に建設されたが、地上1階、地下1階構造となり、車両などを留置するヤードは地下に造られた。場所は大島小松川公園の真下にあり、新造車両搬入の際には、地上の搬入口からクレーンを使って、地下ヤードに降される。

　新宿駅〜市ケ谷駅〜神保町駅〜大島駅〜篠崎駅〜本八幡駅を結び、本八幡駅は都営地下鉄で唯一、都外（千葉県）に存在する駅である。その理由は、本八幡駅から新鎌ヶ谷、千葉ニュータウン方面に計画されていた千葉県営鉄道北千葉線との接続駅として機能するはずだったからだ。

　新宿線はその北千葉線と相互直通運転を行う予定だったが、情勢の変化によって、北千葉線建設そのものが中止となった。

　現在は、新宿駅から先の京王線との相互直通運転を行っており、橋本、京王多摩センター、京王八王子、高尾山口まで直通する列車も存在する。また、京王線直通の臨時列車が運行されたこともあり、お正月初詣客向けに「迎光EXPRESSかがやき号」（本八幡駅〜高尾山口駅）、「隅田川納涼花火号」（京王八王子駅〜大島駅）、「東京横断TamaZoo号」（大島駅〜多摩動物公園駅）などが運行された。

　また、通常のダイヤでも各駅停車の他に急行運用もあり、新宿、市ケ谷、神保町、馬喰横山、森下、大島、船堀、本八幡と停車する。現在主力で運行されている車両は10-300形。形式にハイフンが入っているが、このまま（いちまんさんびゃくがた）と読む。

　JR東日本の通勤車両であるE231系をカスタマイズして誕生した車両で、部品なども共通のものが使用されている。VVVFインバーター制御で20m級のステンレス車体が10両編成で運行されている。都営地下鉄の車両が、他社の系列ベー

スで作られたことは初めてで、現時点でも新宿線車両のみである。

車両

10号線用・試作車両として、1971（昭和46）年に10-000形が製造された。形式名称は「10号線」の車両であることを表すため、10-000と表記し、読み方は「いちまんがた」である。

当初から京王電鉄との相互直通運転を計画していたため、「10号線直通車両規格」が定められ、京王電鉄との擦り合わせを行い、設計された。

その基本的な条件は、「路線条件から要求される地下線内での高減速特性と、地上線での特急運用性能をもった、経済性の高い車両」「運転保安度が高く、取り扱い、保守が容易で信頼性の高い車両」「乗客サービスを向上した車両であること」とした。

制御装置は、回生ブレーキ付きのチョッパ制御を採用し、省エネルギーの向上を意識し、ステンレス製車体を採用。実験としてATO自動列車運転装置を搭載し、新宿線開業までの間、三田線（当

10-300形の2次車は10両編成化で登場した

時の 6 号線）内で、試運転を繰り返した。

　各種試験を繰り返したのち、新宿線に移籍し、量産車とともに活躍を続けることになる。新宿線開業に備えて、量産車が運用を開始したのは、1978（昭和 53）年の岩本町駅〜東大島駅間の開業時であった。

　試作車と大きく異なるのは前面で、前照灯、尾灯の位置を変更したほか、前面のみ材質が繊維強化プラスチック（FRP）を使用し、なだらかな 3 面に折った形状となっている。

　当初は 6 両編成で製造され、延伸時に増備された車両は 8 両編成となり、在来車も 2 両加えられ、8 両編成に統一された。

　10-000 形はその後 1997（平成 9）年まで製造され、最終増備車の 8 次車は軽量ステンレス構造の車体が採用され、前面のデザインが変更されるなど、登場時の車両から考えると、バラエティー豊かで、見ているだけで楽しめる。最終的には 8 両編成 28 本が製造された。

　10-300R 形は、廃車が進む初代・新宿線車両 10-000 形の中間車の内、若年車のみを使用した形式で、先頭車だけの 12 両（8 両編成 6 本）が製造された。スタイルは、当時の新型車両 10-300 形の初期型に合わせていたが、中間車の路線識別帯の高さと合わせたことで、編成を通してみると、違和感がないように見える。10-300 形の増備に合わせて、廃車が進み、2017（平成 29）年までに全車引退をした。

　10-300 形は現在、新宿線を主力として運行しているエースだ。JR の通勤車両である E231 系のバージョン違いで、前面のスタイル以外は、ほぼ JR 車両と同等の部品が使われている。制御装置は、新宿線で初めて VVVF インバーター制御が採用され、新宿線の近代化を図った車両である。登場当初は 8 両編成で運行されていたが、2022（令和 4）年 8 月 10 日をもって、8 両編成の運行は終了し、全車 10 両編成で運行されている。

　ちなみに 10 両編成で運行される都営地下鉄の路線は新宿線が唯一で、需要の高さが分かる。また、直通先の京王電鉄からは 5000 系と 9000 系が乗り入れている。5000 系は、クロスシートとロングシートの転換機構を備えるデュアルシートを採用し、着席指定運用にも使われているが、新宿線内では着席指定運用は行われていない。

歴史

　1968（昭和 43）年 4 月の都市交通審議会答申第 10 号で、「芦花公園方面から新宿、靖国通りを経由して市ケ谷、神保町、浜町を経由して住吉町に至る路線」として、10 号線が設定された。これが現在の新宿線のルーツだ。

　その後、都市計画の追加により、調布から新宿方面に変更されたほか、最終的に 1972（昭和 47）年 3 月 1 日に、都市交通審議会答申第 15 号において、10 号線

10-300形は3次車以降から前面のデザインが変更された

は橋本〜調布〜新宿〜住吉町〜本八幡〜千葉ニュータウン方面に至る路線として答申された。

1978（昭和53）年12月21日に岩本町駅〜東大島駅間が開業、運行を開始した。1980（昭和55）年3月16日に新宿駅〜岩本町駅間が開業し、京王新線を経由する形で、京王線との相互直通運転が始まった。

しかし、岩本町駅から先の駅は、6両編成までしかホーム有効長の対応をしておらず、10両編成や8両編成で直通してくる京王電鉄の車両は、岩本町駅止まりで、新宿方面へ折り返す運用がされていた。

ちなみに新宿線の軌間は、1372mmとなっている。これは馬車軌道の軌間と同じであり、京王電鉄も馬車軌間を採用していた。都営地下鉄は、浅草線と同じ1435mmにしたかったが、京王側は「都営地下鉄の輸送力の試算から、改軌するには、採算面など不安要素がある。」としたため、新宿線は京王電鉄に合わせた軌間となっている。

岩本町駅は2面3線の構造で、中線は急行の待避線として使用される

1983（昭和58）年12月23日に東大島駅〜船堀駅間、1986（昭和61）年9月14日には、船堀駅〜篠崎駅間、1989（平成元）年3月19日に本八幡駅まで開業した。1991（平成3）年9月1日には、本八幡駅までのホーム延伸工事が完了したため、同駅まで京王電鉄の車両も乗り入れてくるようになった。

なお、本八幡から先は、千葉ニュータウン方面に伸びる千葉県営鉄道の北千葉線が建設予定で、新宿線はこの路線と、相互直通運転を行うはずだったが、北千葉線の計画が頓挫し、幻に終わった。

現在もそのルートは、北総鉄道に隣接された位置に残されており、太陽光パネルで埋め尽くされている。実現していれば、新宿方面から千葉ニュータウン方面までの通勤体系ができていた。また、新宿線の軌間が1435mmで作られていれば、北総線や浅草線との車両のやりくりも可能であり、車両基地を共有することもできただろう。

後発の都営地下鉄の路線は、直通先に振り回されることが多い。結果、本八幡

駅は都営地下鉄の中でも唯一、都外にある東京都交通局の施設となった。今後本八幡以遠は、東京都外に進んでしまうことから、都営地下鉄としての延伸は行わないだろう。

　千葉ニュータウン周辺の人口が変化し、需要が生まれてくることがあれば、再び北千葉線計画が浮上する可能性はあるが、現状では極めて低いと言えるだろう。

都営地下鉄●新宿線

駅名	営業キロ	ナンバリング	駅の構造	開業日	ホームドア	備考
新宿	0.0	S01	地下	1980（昭和55）3.16	○	
新宿三丁目	0.8	S02	地下	1980（昭和55）3.16	○	
曙橋	2.3	S03	地下	1980（昭和55）3.16	○	
市ケ谷	3.7	S04	地下	1980（昭和55）3.16	○	
九段下	5.0	S05	地下	1980（昭和55）3.16	○	
神保町	5.6	S06	地下	1980（昭和55）3.16	○	
小川町	6.5	S07	地下	1980（昭和55）3.16	○	
岩本町	7.3	S08	地下	1978（昭和53）12.21	○	
馬喰横山	8.1	S09	地下	1978（昭和53）12.21	○	
浜町	8.7	S10	地下	1978（昭和53）12.21	○	
森下	9.5	S11	地下	1978（昭和53）12.21	○	
菊川	10.3	S12	地下	1978（昭和53）12.21	○	
住吉	11.2	S13	地下	1978（昭和53）12.21	○	
西大島	12.2	S14	地下	1978（昭和53）12.21	○	
大島	12.9	S15	地下	1978（昭和53）12.21	○	
東大島	14.1	S16	地上	1978（昭和53）12.21	○	
船堀	15.8	S17	地上	1983（昭和58）12.23	○	
一之江	17.5	S18	地下	1986（昭和61）9.14	○	
瑞江	19.2	S19	地下	1986（昭和61）9.14	○	
篠崎	20.7	S20	地下	1986（昭和61）9.14	○	
本八幡	23.5	S21	地下	1989（平成元）3.19	○	

駅開業日は新宿線の駅としての開業日

大江戸線

概要

　大江戸線は、東京都交通局が運営する地下鉄の中で、4番目に開業した1番新しい路線である。同じ時期に、東京メトロ南北線が開業したこともあり、大江戸線（当時は都営12号線）にも、新しい技術が多く採用された。

　最初に開業したのは、1991（平成3）年12月10日の光が丘駅〜練馬駅間。建設費削減のために、小型車両を導入している。室内の高さ2100㎜を確保しつつ床面の高さを0.8mと低くし、車輪径のサイズを610㎜と小さくしている。また、トンネルも小さく建設するために、大きなモーターは搭載せず、リニアモーター方式を採用した。

　大江戸線のリニアモーターとは、軌道内に設置したリアクションプレートに反応して動くもので、「鉄輪式リニア」と呼ばれている。全国では、大阪の地下鉄長堀鶴見緑地線に続いて2番目の採用だ。

　2000（平成12）年4月20日の新宿駅〜国立競技場駅間の開業を期に、路線名称を「都営大江戸線」に変更した。名前の由来は「昔の東京を指す江戸から来ているもの」で、経由地の深川や両国など、江戸文化が残る地域を走るからとも言われている。

　路線名称は一般公募から決まったもので、他に「ゆめもぐら」や「東京環状線」という名称も挙がっていた。当時の石原慎太郎都知事が、「環状線にはなっていない。6の字運転だ。」と発信し、都営大江戸線に決定した。現在は、都庁前駅から飯田橋駅、上野御徒町駅、汐留駅、六本木駅、国立競技場駅を経由し、再び都庁前駅に戻り、さらに練馬駅、光が丘駅に至る「6の字運転」を行っている。

　東京の地下鉄の中では後発に建設されたため、既存の路線を避けるべく、非常に深い場所に建設されている。中でも六本木駅は、地下42.3mの位置に、ホームが設置され、日本の地下鉄の駅の中では最も深く、通常の構築物の地下7階にあたる。

　また東中野駅（同じく大江戸線）は、東京の地下鉄で2番目に深く、地下38.8mの位置にある。

　リニアモーターを活用した地下鉄路線という条件から、他社線との相互直通運転は行われていないが、練馬方面から先の東所沢付近までの延伸が検討されている。沿線の地元民からは強い延伸要望の

声がある状況だ。

車両

　大江戸線の車両は建設費を低く抑えるため、小さな断面の車体が採用された。最初の開業では、12-000形が1990（平成2）年に製造（運行は1991年）されたが、先頭車の長さは16.75m、中間車は16.5m、重量25tとかなり小ぶりだ。

　材質はアルミ合金製で、導入当初はアイボリーホワイトを基調として、路線識別色である「マゼンタ」のイメージラインが入っていた。制御装置はVVVFインバーター制御を採用し、駆動装置は、薄く平たいリニアモーターが台車枠に装架されており、通常のモーターよりも重量が軽く、コンパクトになっている。

　リニアモーターといえば、リニア中央新幹線のように、浮上式の超電導リニアを想像してしまうが、大江戸線の車両で使われているものは、鉄輪式リニアと呼ばれているもので、軌道に設置したリアクションプレート（2次側・回転型モーターの固定子に相当）と、台車に搭載しているリニアモーター（1次側・回転型モーターの回転子に相当）の電磁力作用によって走行するシステムである。また、車輪とレールとの粘着にあまり左右されない運転のため、最急勾配率は55‰（100mで55m）となっている。12-000形は、そんな最新のシステムを搭載した車両で、ATO自動列車運転装置も備え、乗務員が1名のワンマン運転も実現している。

　1997（平成9）年から製造された12-000形の3次車（第07編成と01〜06編成の中間車）のうち3次車のみの編成は、デザインが変更され、車体を無塗装とし、乗務員室も拡大され、前頭部の形状も変化した。その後4次車も増備され最終的に12-000形は8両編成53本が製造された。

　12-600形は、輸送力増強と12-000形の初期編成を置き換える目的で、2012（平成24）年に登場し、現在のところ、8両編成23本が運行している。一部編成（2次車）からは、行き先表示器のフルカラーLED化や、腰部に巻いていた路線識別色を窓付近に移動させ、ホームドアによって隠れないようにする位置まで移動させるなど、12-000形と大差はないものの、各所細かい部分で改良が行われた。

　また、2018（平成30）年度から導入された3次車に関しては、大江戸線の輸送力増強のために導入されたものだが、各所でマイナーチェンジが施された。前面のカラーリングを、マゼンタ1色に変更し、大江戸線の路線識別色を全面に出したスタイルとなった。

　また、客室内には防犯カメラを設置するなど、近年高まる防犯意識の向上に応えている。東京オリンピックの開催を意識し、外国人観光客を積極的に受け入れる考えもあり、日本の伝統工芸なども取り入れ、連結面の貫通扉に使用されてい

る強化ガラスには「江戸小紋」をイメージしたデザイン、座席シートの生地には「龍村美術織物」製のものが使用されている。

　E5000形は、大江戸線の小断面なトンネルに合わせた小型電気機関車で、浅草線の馬込車両検修場への入出庫に対応するための牽引機関車である。大江戸線の車両はリニア駆動のため、線路軌間は同じでも、浅草線内では走行ができないことから、電気機関車による牽引が必要となったために製造された。

　E5000形は2両1組のペアで組まれ、JRの機関車で言うとEH800形電気機関車のように永久固定編成になっている。現在は2両編成2本存在し、馬込車両検修場に所属している。ちなみに日本の地下鉄車両の中で、唯一の電気機関車である。

歴史

　大江戸線は1962（昭和37）年6月8日の都市交通審議会答申第6号において、芦花公園方面〜方南町〜新宿〜春日町〜厩橋〜深川、月島、麻布方面に至る路線として設定された。当時は第9号線と呼

大江戸線の12-000形車両。小型車両サイズとなっている

ばれていた（9号線は現在の千代田線にあたる）が、後々の1968（昭和43）年4月10日の都市交通審議会答申第10号において、第12号線に変更された。同時に新宿方面より春日町、上野、深川及び月島方面を経由して、麻布方面に至る路線に変更され、さらに「将来的に環状線としても検討する」とした。芦花公園〜新宿部分は10号線（京王線・新宿線）に振り替えられた。

1972（昭和47）年の都市交通審議会答申第15号では、環状線としての正式なルートが設定された。

最終的に12号線は都庁前駅〜飯田橋駅〜上野御徒町駅〜汐留駅〜六本木駅〜国立競技場駅を経由し再び都庁前駅に戻り、さらに練馬駅、光が丘駅に至る路線として開業した。

計画時に考案していた環状運転は行われず、いわゆる「6の字運転」と呼ばれる運行経路となった。新宿付近で線路を繋いで環状運転を行おうとしたが、周辺の道路形状や地下構造物の関係から環状接続部分の、ホーム構造スペースを取ることができなかった。あえなく都庁前を起点とした「6の字運転」を実施するに

12-000形の車内も、普通の電車より幅が狭い

至った経緯がある。

そもそも大江戸線は建設費を安くする、というプランが考えられ、1978（昭和53）年の交通問題対策会議によって、提言された。1986（昭和61）年4月には調査団が組まれ、世界の都市を回って、交通の視察が行われた。ワシントンやバンクーバーでは、リニアモーターの車両を視察し、大きなモーターではなく、コンパクトなリニアモーターを使用し、急勾配などにも問題なく走行できる、鉄輪式リニアモーターカーを採用することになった。

最初の開業区間は、1991（平成3）年12月10日の光が丘駅〜練馬駅間。当時路線名はなく「都営12号線」と呼ばれており、東京で初めての「ミニリニア地下鉄」として話題となった。

開業した部分が枝線部分で、一部は西武鉄道と並行区間ということもあって、利用者は少なかったが、練馬駅〜新宿駅間が1997（平成9）年12月19日に延伸し、新宿駅〜国立競技場駅が2000（平成12）年4月20日に、最後には都庁前駅〜六本木駅〜国立競技場駅が延伸し、全線開業となった。

計画時は環状線として運転される予定だったため、新聞記事などでは「第二山手線」や「モグラの山手線開業」などとタイトルがつけられたこともあったが、東京を大きく回る線形は、営業距離40.7kmにもなり、日本の地下鉄の中で最も長い路線距離となった。

全線開業後は大変な賑わいとなり、中でも勝どき駅での1日平均乗降者数は2019年10万8147人にも達している。背景としては、大規模複合施設の誕生や東京オリンピック2020大会での選手村建設の影響があったと思われる。そのため、同駅は改良工事が行われ、コンコースの新設、ホームのリニューアルなど、より利用しやすい環境となっている。

地下鉄の駅の中で最も深い六本木駅ホーム

都営地下鉄●大江戸線

駅名	営業キロ	ナンバリング	駅の構造	開業日	ホームドア	備考
都庁前	0.0	E28	地下	1997（平成9）12.19	○	
新宿西口	0.8	E01	地下	2000（平成12）12.12	○	
東新宿	2.2	E02	地下	2000（平成12）12.12	○	
若松河田	3.2	E03	地下	2000（平成12）12.12	○	
牛込柳町	3.8	E04	地下	2000（平成12）12.12	○	
牛込神楽坂	4.8	E05	地下	2000（平成12）12.12	○	
飯田橋	5.8	E06	地下	2000（平成12）12.12	○	
春日	6.8	E07	地下	2000（平成12）12.12	○	
本郷三丁目	7.6	E08	地下	2000（平成12）12.12	○	
上野御徒町	8.7	E09	地下	2000（平成12）12.12	○	
新御徒町	9.5	E10	地下	2000（平成12）12.12	○	
蔵前	10.5	E11	地下	2000（平成12）12.12	○	
両国	11.7	E12	地下	2000（平成12）12.12	○	
森下	12.7	E13	地下	2000（平成12）12.12	○	
清澄白河	13.3	E14	地下	2000（平成12）12.12	○	
門前仲町	14.5	E15	地下	2000（平成12）12.12	○	
月島	15.9	E16	地下	2000（平成12）12.12	○	
勝どき	16.7	E17	地下	2000（平成12）12.12	○	
築地市場	18.2	E18	地下	2000（平成12）12.12	○	
汐留	19.1	E19	地下	2000（平成12）12.12	○	信号所として開設 2002（平成14）11.2 駅に昇格
大門	20.0	E20	地下	2000（平成12）12.12	○	
赤羽橋	21.3	E21	地下	2000（平成12）12.12	○	
麻布十番	22.1	E22	地下	2000（平成12）12.12	○	
六本木	23.2	E23	地下	2000（平成12）12.12	○	
青山一丁目	24.5	E24	地下	2000（平成12）12.12	○	
国立競技場	25.7	E25	地下	2000（平成12）4.20	○	
代々木	27.2	E26	地下	2000（平成12）4.20	○	
新宿	27.8	E27	地下	1997（平成9）12.19	○	
都庁前	28.6	E28	地下	1997（平成9）12.19	○	
西新宿五丁目	29.4	E29	地下	1997（平成9）12.19	○	
中野坂上	30.6	E30	地下	1997（平成9）12.19	○	
東中野	31.6	E31	地下	1997（平成9）12.19	○	
中井	32.4	E32	地下	1997（平成9）12.19	○	
落合南長崎	33.7	E33	地下	1997（平成9）12.19	○	
新江古田	35.3	E34	地下	1997（平成9）12.19	○	
練馬	36.9	E35	地下	1991（平成3）12.10	○	
豊島園	37.8	E36	地下	1991（平成3）12.10	○	
練馬春日町	39.3	E37	地下	1991（平成3）12.10	○	
光が丘	40.7	E38	地下	1991（平成3）12.10	○	

駅開業日は大江戸線の駅としての開業日

思い出の車両

❸営団地下鉄 3000 系
1961（昭和 36）年の日比谷線開業時に投入されたセミステンレス車両。
丸みを帯びたデザインから「マッコウクジラ」のニックネームで呼ばれた。
1994（平成 6）年に引退。

❹営団地下鉄 5000 系
1964（昭和 39）年の東西線開業時に誕生した車両で 428 両製造され、
千代田線とその支線でも使用された。
東西線は 2007（平成 19）年に、千代田線は 2014（平成 26）年に運転を終えた。

横浜市営地下鉄路線図

ブルーライン(1、3号線)

概要

　神奈川県藤沢市の湘南台駅から横浜市青葉区のあざみ野駅までを結ぶブルーライン。最初に開業したのは、1972（昭和47）年12月16日の伊勢佐木長者町駅〜上大岡駅までの区間で、当時は1000形車両の3両編成で運転されていた。

　集電方式は、現在の東京メトロ銀座線や丸ノ内線と同じ、第三軌条集電方式が採用されている。ちなみに最初に開業した「伊勢佐木長者町駅」という長い駅名称は、当初「長者町駅」と略した名称にする予定だったが、伊勢佐木町から猛烈に反対運動が起こり、「伊勢佐木長者町駅」となった。

　現在は、東急田園都市線との乗り換え駅であるあざみ野駅から、新幹線に乗り換えられる新横浜駅や桜木町駅、上大岡駅を経由し、小田急江ノ島線の湘南台駅を結ぶ40.4kmの路線に成長した。

　元々は1号線（湘南台駅〜関内駅）と3号線（関内駅〜あざみ野駅）と呼ばれ、この2つの路線で通し運転が行われている。「ブルーライン」という名称になったのは、のちに開業した4号線（グリーンライン）の登場によって、路線の区別

が必要となり、2008（平成20）年3月30日から公募による「ブルーライン」の名称になった。開業当初から、路線識別帯も使用されていたので、違和感なく浸透していった。

　現在の主力は3000形。この形式には5種類のバージョンがあり、6両編成で運行している。製造年式によって、様々な改良が行われた。

　2022（令和4）年5月2日からは、4000形（6両編成）が運行を開始し、初期に製造された3000形の置き換えを進めている。

車両

　1972（昭和47）年の開業当初に導入された1000形は、「1号線」と言う意味で名付けられたという。18ｍ級のセミステンレス構造の片側3扉車体で、乗降口部分は縦にブルーを配色しており、当時としては極めて斬新なデザインであった。

　前面のスタイルも正面中央に非常用の貫通扉を設置し、スピード感を出す「くの字」に傾斜している。平面ガラスを用いているが、滑らかな直線的なデザイン

をしている。

　最初の開業では3両編成で運行され
ていたが、1977（昭和52）年の輸送力
増強により、5両編成に増結。最終的に
1984（昭和59）年に2000形の登場と共
に、6両編成となった。また1989（平成元）
年からは更新工事が行われ、冷房装置の
取り付け、客室内の車椅子スペース確保
など、時代に合わせたバリアフリー対応
が行われた。1000形は最終的に、6両編
成14本が製造され、2006（平成18）年
まで運行されていた。

　2000形は、1983（昭和58）年12月に
登場した車両で、車体は1000形のセミス
テンレス車体に対して、骨組みまでステ
ンレス素材を用いた軽量オールステンレ
ス製車体が採用された。制御装置も、当
時流行だった電機子チョッパ制御を採用。
　前面スタイルは1000形のイメージを
継承しているものの、非常貫通扉をオフ
セットし、運転席側の窓を大きく配置し
た。登場当初から冷房装置を搭載し、登
場から20年が経った際に、更新工事を
行っている。まだ使用が続くと思われた
が、バリアフリー対応工事が難しかった
他、ワンマン運転によるホームドアの位
置も、他車両と異なることから、1000
形と同じタイミングで引退していった。
6両編成9本が製造されていた。

　現在活躍している3000形は、1992
（平成4）年に導入されたのが始まりで、
2017（平成29）年まで製造された。そ
の時代によって仕様変更が行われ、バリ

エーションは5種類（A形、N形、R形、
S形、V形）もある。

　基本形式のA形は、新横浜駅〜あざみ
野駅の延伸開業による増備として、6両
編成8本が導入された。軽量ステンレス
車体だが、前面は丸みを帯びた優しい顔
立ちで、路線識別帯も腰に巻いている。

　N形は戸塚駅〜湘南台駅開業に伴う増
備編成で、前面のスタイルが直線的にな
り、窓周りを黒くしたブラックフェイス
仕様となっている。6両編成6本が在籍
している。

　R編成は、2004（平成16）年に初代
1000形を置き換える目的で、導入された。
車体は従来と同じステンレス製だが、側
面のビードプレス加工がなくなり、すっ
きりとした側面を持つ。6両編成14本
が在籍している。

　S形は2000形を置き換える目的で、
2005（平成17）年に導入され、廃車になっ
た2000形の部品を使用して誕生した。6
両編成8本が導入された。

　V形は、製造から25年を経過したA
形の更新工事を行うために、車両不足を
懸念して2017（平成29）年に増備した車
両だ。前面のライト部分が、吊り目のデザ
インに変更になり、顔つきがだいぶ変わっ
ている。6両編成1本が活躍している。

　4000形は、3000A形を置き換える目
的で導入された。2022（令和4）年に登
場した最新形式で、先頭部の形状が素朴
な表情から、初代1000形のイメージを
彷彿させる。

従来の車両を継承しつつも、角にエッジの効いた印象的なスタイルかつオールステンレス製の車体で、今後増備が行われる予定だ。

歴史

始まりは1965（昭和40）年10月に発表された横浜市の事業計画において、横浜市の骨格となる交通事業として、地下鉄建設案が浮上した。翌年の1966（昭和41）年7月の都市交通審議会横浜部会でも、地下鉄の建設が決まり、正式に答申された。

内容は6路線で、そのうち1〜4線を横浜市が建設し、5号線が川崎市、6号線が未定で計画された。なお、現在開業している路線系統とは大分異なっており、開業に紆余曲折があったことが分かる。

6路線の基本設計は、1号線・上大岡駅〜関内駅（伊勢佐木町）間、3号線・山下町駅〜横浜駅間の2ルートが選定された。工事は1968（昭和43）年10月1日に着工したが、高速道路などの他の事業計画との調整で難航した。

横浜で初めて建設されたブルーラインは、1号線と3号線を繋げた状態で開業となり、戸塚方面の住宅街と、横浜市街地の中心に向かう路線で建設が行われていたが、3号線の計画は当初、本牧〜関内を通り、勝田に至る路線として計画される別路線だった。

しかし、本牧付近の地盤が軟弱で、当

2005年から導入された3000S形

時の掘削技術では難航が予想されたために断念。1号線と接続して、通し運転をする現在の形となったわけだ。

ちなみに本牧への延伸は、みなとみらい線の延伸や横浜環状線の構想などがあるが、いまだに実現されておらず、陸の孤島となっている。

話をブルーラインに戻すと、1972（昭和47）年12月16日に、1号線の伊勢佐木長者町駅〜上大岡駅間が開業。1976（昭和51）年9月4日に上大岡駅〜上永谷駅間の開業と、伊勢佐木長者町駅〜関内駅間が開業し、3号線の関内駅〜横浜駅間も開業した。

この開業をもって、上永谷駅〜横浜駅を通し運転する1・3号線の相互直通運転（実質の通し運転）が始まり、ブルーラインの現在の運行形態に繋がっている。

その後も1985（昭和60）年に上永谷駅〜舞岡駅間、横浜駅〜新横浜駅間が開業。1987（昭和62）年5月24日に舞岡駅〜戸塚駅間が開業、1993（平成5）年

3月18日には新横浜駅〜あざみ野駅間が開業し、1999（平成11）年8月29日には戸塚駅〜湘南台駅が開業している。

その後延伸開業はしていないが、今後はあざみ野駅から小田急線の新百合ヶ丘駅までの延伸計画が進んでおり、2030（令和12）年の開業を目指している。現状は全線開業をしていない状態といえる。

なお、列車の運行は2007（平成19）年からATO列車自動運転装置を採用し、車掌が乗務しないワンマン運転を実施している。そのため、ワンマン運転に対応できない初期の形式（1000形と2000形）は全て廃車となり、現在は3000形シリーズと2022（令和4）年5月2日に登場した4000形が活躍している。

横浜市営地下鉄●ブルーライン（1、3号線）

駅名	営業キロ	ナンバリング	駅の構造	開業日	ホームドア	備考
湘南台	0.0	B01	地下	1999（平成11）8.29	○	
下飯田	1.6	B02	地下	1999（平成11）8.29	○	
立場	3.7	B03	地下	1999（平成11）8.29	○	
中田	4.8	B04	地下	1999（平成11）8.29	○	
踊場	5.7	B05	地下	1999（平成11）8.29	○	
戸塚	7.4	B06	地下	1987（昭和62）5.24	○	
舞岡	9.0	B07	地下	1985（昭和60）3.14	○	
下永谷	9.7	B08	地下	1985（昭和60）3.14	○	
上永谷	11.0	B09	地上	1976（昭和51）9.4	○	
港南中央	12.7	B10	地下	1976（昭和51）9.4	○	
上大岡	13.8	B11	地下	1972（昭和47）12.16	○	
弘明寺	15.4	B12	地下	1972（昭和47）12.16	○	
蒔田	16.5	B13	地下	1972（昭和47）12.16	○	
吉野町	17.6	B14	地下	1972（昭和47）12.16	○	
阪東橋	18.1	B15	地下	1972（昭和47）12.16	○	
伊勢佐木長者町	19.0	B16	地下	1972（昭和47）12.16	○	
関内	19.7	B17	地下	1976（昭和51）9.4	○	
桜木町	20.4	B18	地下	1976（昭和51）9.4	○	
高島町	21.6	B19	地下	1976（昭和51）9.4	○	
横浜	22.5	B20	地下	1976（昭和51）9.4	○	
三ツ沢下町	23.9	B21	地下	1985（昭和60）3.14	○	
三ツ沢上町	24.8	B22	地下	1985（昭和60）3.14	○	
片倉町	26.7	B23	地下	1985（昭和60）3.14	○	
岸根公園	27.9	B24	地下	1985（昭和60）3.14	○	
新横浜	29.5	B25	地下	1985（昭和60）3.14	○	
北新横浜	30.8	B26	地下	1993（平成5）3.18	○	開業時は新横浜北　1999（平成11）8.29改称
新羽	31.8	B27	地上	1993（平成5）3.18	○	
仲町台	34.1	B28	地上	1993（平成5）3.18	○	
センター南	36.4	B29	地上	1993（平成5）3.18	○	
センター北	37.3	B30	地上	1993（平成5）3.18	○	
中川	38.9	B31	地下	1993（平成5）3.18	○	
あざみ野	40.4	B32	地下	1993（平成5）3.18	○	

駅の開業日はブルーラインの駅としての開業日

グリーンライン（4号線）

概要

横浜市営地下鉄のグリーンラインは、横浜市緑区の中山駅から同市港北区の日吉駅までを結んでおり、地下区間は10.7km、地上区間は2.4kmの合計13.1kmの路線だ。

2008（平成20）年3月30日に開業したグリーンラインには、都営地下鉄大江戸線と同じ、鉄輪式リニアモーター駆動方式が採用されている。最高運転速度は80km/hと、大江戸線の70km/hよりも高速で、高架線（地上区間）も走行する。

また、横浜市営地下鉄では、全国で唯一「全席優先席」制度を行っていた。グリーンライン開業時には、高齢者や障害者などに席を譲るように声をかける「スマイルマナー向上員」を乗車させていた。新線の開業では、車内表示やアナウンスだけではなかなか浸透しないと考え、トラブルに発展しないように、警備員と共に行動していた。

しかし、全席優先制度自体が浸透せず、効果も薄かったため、2012（平成24）年8月からは、各車両に最優先席（ゆずりあいシート）を新設している。

グリーンラインは、1966（昭和41）年7月の都市交通審議会横浜部会において設定された路線で、当時は4号線と呼ばれていた。元々は横浜市の開発の一環で、地下鉄を整備する計画が始まりである。

当初の計画では、元石川付近から、海側に向かって伸びる地下鉄として検討されていた。元石川とは現在の、横浜市青葉区元石川町のことで、農業が盛んな地域であった。70年代から80年代にかけては、土地区画整理が行われ、一部では宅地化が進んでいる。この元石川付近〜鶴見駅間が最初の計画だった。

横浜や川崎周辺は、首都東京に隣接するメガロポリス的な役割を担うとして、当時は南武線の混雑率も上がってきており、鶴見駅までの延伸を計画しつつ、他の計画路線とともに、南武線の混雑緩和を狙った。

その後1985（昭和60）年の運輸政策審議会答申第7号において、横浜環状鉄道の計画が持ち上がった。4号線の日吉駅〜鶴見駅間、中山駅から元町・中華街駅間の路線であったが、2001（平成13）年1月30日に日吉駅〜中山駅間で着工となり、2008（平成20）年3月30日に開業した。

今後も、横浜環状鉄道としての延伸計

画自体は残っているが、横浜市としてはブルーライン（1・3号線）の延伸計画を先に進める、としているので、事業化はまだ遠く、計画の検討も具体化していない。

車両

　開業当時から現在も、主力として運行をしているのが10000形である。オールアルミ車体の全長15.6ｍ、片側3扉で、当初は4両編成で運行されていた。グリーンラインは、トンネルの断面が小さく掘られているため、10000形も都営地下鉄大江戸線の12-000形と同様に、小型の車体となっている。

　軌間は1435㎜、集電方法は架空電車線方式の、鉄輪式リニアモーター方式ということで、すでに開業しているブルーライン（1・3号線）には、乗り入れることができない。

　車体のデザインは、都市の近未来感を表しているアルミ地肌に、窓周りをグリーン（グラデーション調）の配色が施されている。ATC自動列車制御装置と、ATO自動列車運転装置を搭載し、それらを併用したワンマン運転を実施している。

グリーンラインの10000形4両編成

グリーンラインの利用者は増加傾向にあり、編成も4両編成から6両編成に増結中で、混雑緩和に向けての対策がとられている。10000形は、開業時から2022（令和4）年にかけて製造されているが、今のところ新形式の予定はなく、今後は状況に応じて新形式の導入が行われる可能性もある。現在は17編成が活躍し、順次6両編成に増車している。

歴史

元々4号線は、1966（昭和41）年7月の都市交通審議会横浜部会において、元石川付近から東急東横線の綱島付近と勝田を経由して 東海道線（京浜東北線）の鶴見駅付近に至る路線として計画された。

後の1985（昭和60）年、運輸政策審議会答申第7号をきっかけに、根岸線の根岸駅から京急線上大岡駅、東戸塚駅、相鉄線の鶴ヶ峰駅を周る横浜環状鉄道の案が示され、2000（平成12）年の運輸政策審議会答申第18号で、みなとみらい線と接続する元町・中華街駅〜上大岡駅〜東戸塚駅〜二俣川駅〜中山駅〜日吉駅〜鶴見駅に至る路線が決定された。

その後の2016（平成28）年の交通政策審議会答申第198号では、横浜市営地下鉄グリーンラインの日吉駅〜中山駅間の路線を取り込み、横浜環状鉄道の一部として計画を進めている。

今後も鶴見方面への計画が残っており、延伸する予定で考えているようだが、ブルーラインの延伸計画を先行させるため、グリーンラインの鶴見方面延伸は、その後に検討する予定とのことである。

横浜市営地下鉄●グリーンライン（4号線）

駅名	営業キロ	ナンバリング	駅の構造	開業日	ホームドア	備考
中山	0.0	G01	地下	2008（平成20）3.30	○	
川和町	1.7	G02	地上	2008（平成20）3.30	○	
都筑ふれあいの丘	3.1	G03	地下	2008（平成20）3.30	○	
センター南	4.8	G04	地上	2008（平成20）3.30	○	
センター北	5.7	G05	地上	2008（平成20）3.30	○	
北山田	7.4	G06	地下	2008（平成20）3.30	○	
東山田	8.8	G07	地下	2008（平成20）3.30	○	
高田	10.3	G08	地下	2008（平成20）3.30	○	
日吉本町	11.6	G09	地下	2008（平成20）3.30	○	
日吉	13.0	G10	地下	2008（平成20）3.30	○	

駅の開業日はグリーンラインの駅としての開業日

❺営団地下鉄6000系
世界初のチョッパ制御方式回生ブレーキを搭載した車両で、
1968（昭和43）年に試作車が登場した。
千代田線開業で量産車が増備され、2018（平成30）年まで使用された。

❻都営地下鉄5000形
都営地下鉄が最初に開業した浅草線用車両で、
1960（昭和35）年から運用が開始された。
京成線や京急線にも乗り入れたが、1995（平成7）年に引退した。

北海道エリア

札幌市営地下鉄

南北線／東豊線／東西線

南北線

概要

　南北線は、札幌市の北に位置する麻生駅から、さっぽろ駅、大通駅、すすきの駅と市内の中心部を通り、南部の真駒内駅までを結ぶ路線で、北海道初の地下鉄として 1971（昭和 46）年 12 月 16 日に北 24 条駅〜真駒内駅間が開業した。ラインカラーはグリーン（緑）で路線記号は N である。

　路線は、中央に案内用の軌条を敷設し、車輪は鉄に変えてゴムタイヤとし、集電は直流 750V の第三軌条方式、車内信号方式を取り入れた。ゴムタイヤ方式の鉄道は、今では新交通システムで多く使用されているが、当時としては日本初で、大いに話題となった。

　平岸駅の先から真駒内駅間は地上の高架を走るが、雪害対策としてアルミ合金製のシェルターで覆われている。積雪を考慮してシェルターは半円形としているが、自然落下を防ぐため、深夜に手作業で雪を下ろす作業が行われる。

　現在は、麻生駅〜真駒内駅間 14.3km を 27 〜 28 分で結んでおり、朝夕のラッシュ時は 4 〜 5 分、日中は 7 分間隔で運行されている。自衛隊前駅〜真駒内駅間に南車両基地が地上に設置されているが、ここも全体が建屋で覆われている。出入庫線が自衛隊前駅の真駒内駅方で分岐しているため、平日の朝ラッシュ時の運用を終えた車両が、麻生駅発自衛隊前駅行として運行されるが、現在自衛隊前駅始発の定期列車はない。

車両

　開業に向けて先行試作車 1000 形連接車 2 両 1 編成が、1970（昭和 45）年に登場し、1971（昭和 46）年から量産車両が増備され、2 両編成を 1000 形、4 両編成を 2000 形とした。当初は閑散時を 2 両、繁忙時を 4 両での運転を想定していたが、営業運転が 4 両編成に統一されたため 1000 形は中間車を組み込み 2000 形に編入された。

　開業以来、利用客が伸び続け、6 両、8 両と編成両数が増え、それに伴い増備が続けられたが、1978（昭和 53）年に製造された 8 次車は、制御方式が抵抗制御から電機子チョッパ制御に変更されたほか、台車も 2 車体連接 7 軸の特殊な構造から、2 車体 3 台車の連接構造となり、車体デザインも一新されたことから形式

が 3000 形に変更された。

　3000 形の増備は 5 編成 40 両にとどまり、1995（平成 7）年からは、現在も使用される 5000 形に変更された。

　2000 形や 3000 形は、連接車のため 1 両の全長が 13.5 ｍと短く、編成全体でのドア数は片側 16 扉しかなく、混雑時は乗降時間を要し遅れの原因ともなっていた。そこで、1 両の全長を 18ｍ級としドア数を 1 両あたり 4 扉とした 5000 形を製造した。これにより編成全体では 24 扉となり乗降もスムーズとなった。

　正面は非常扉を左に寄せ、全体に丸み

を持たせたデザインとし、制御方式も IGBT 素子の VVF インバーターを搭載した。2000・3000 形とはドア位置が異なるため、各駅には色別の乗降案内表示が設置されていた。

　1999（平成 11）年までに 2000 形の置き換えが完了し、2012（平成 24）年に 3000 形も淘汰された。

歴史

　1960（昭和 35）年頃の札幌市内は、路面電車とバスが公共交通機関の主役

南北線の 18m 級車両 5000 形

だったが、年々増え続けるマイカーによる交通渋滞は深刻な状況となっていた。さらに 1966（昭和 41）年には、冬季オリンピック大会を 1972（昭和 47）年に札幌で開催することが決定し、抜本的な交通体系の見直しに迫られた。

当初は、モノレールやトロリーバス、路面電車の改良なども検討されたが、降雪地帯でもあることから地下鉄が採用された。この決定の際、ヨーロッパを視察した当時の交通局長が、パリのゴムタイヤ方式の地下鉄が静かだったため気に入り、札幌も同様な地下鉄の導入に決定された。

最初に開業したのは北 24 条駅〜真駒内駅間、札幌冬季オリンピック開催直前の 1971（昭和 46）年 12 月 16 日に、4 両編成の 2000 形が運行を開始した。

利用客の増加に伴い車両の編成も 1974（昭和 49）年に 6 両、1978（昭和 53）年に 8 両と増強され、同年に 3000 形も登場した。

路線の方も、1978（昭和 53）年 3 月 16 日に北 24 条駅〜麻生駅間が延伸開業し、現在の姿となった。

1995（平成 7）年から 5000 形が増備され、順次 2000 形や 3000 形をすべて置き換え、2012（平成 24）年 6 月 4 日に ATO 運転を開始し、さらに翌年にはホームドアを全駅に設置して、ワンマン運転に切り替えられた。

札幌市営地下鉄●南北線

駅名	営業キロ	ナンバリング	駅の構造	開業日	ホームドア	備考
麻生	0.0	N01	地下	1978（昭和 53）3.16	○	
北 34 条	1.0	N02	地下	1978（昭和 53）3.16	○	
北 24 条	2.2	N03	地下	1971（昭和 46）12.16	○	
北 18 条	3.1	N04	地下	1971（昭和 46）12.16	○	
北 12 条	3.9	N05	地下	1971（昭和 46）12.16	○	
さっぽろ	4.9	N06	地下	1971（昭和 46）12.16	○	
大通	5.5	N07	地下	1971（昭和 46）12.16	○	
すすきの	6.1	N08	地下	1971（昭和 46）12.16	○	
中島公園	6.8	N09	地下	1971（昭和 46）12.16	○	
幌平橋	7.8	N10	地下	1971（昭和 46）12.16	○	
中の島	8.3	N11	地下	1971（昭和 46）12.16	○	
平岸	9.0	N12	地下	1971（昭和 46）12.16	○	
南平岸	10.1	N13	地上	1971（昭和 46）12.16	○	開業時は霊園前 1994（平成 6）10.14 改称
澄川	11.3	N14	地上	1971（昭和 46）12.16	○	
自衛隊前	12.6	N15	地上	1971（昭和 46）12.16	○	
真駒内	14.3	N16	地上	1971（昭和 46）12.16	○	

駅の開業日は南北線の駅としての開業日

❼横浜市営地下鉄 1000 形

1972（昭和 47）年に横浜市交通局 1 号線開業用に製造された車両。
前面の大きな窓と「く」の字型のデザインが特徴だった。
2006（平成 18）年に引退した。

❽名古屋市営地下鉄 300 形

東山線用車両で、200 形の改良車として 1967（昭和 42）年に登場した。
先頭車は 300 形だが、中間車は 800 形の車号だった。
2000（平成 12）年に営業運転を終了した。

東豊線

概要

　東豊線は、札幌市北部の栄町駅から中心部を抜けて南東部の福住駅に至る路線で、1994（平成6）年に全通した。札幌で、最も新しい地下鉄路線でもある。ラインカラーはスカイブルー（水色）、路線記号はHである。

　当初の建設目的は、混雑の激しい南北線の救済を目的としており、最初の開通区間も栄町駅～豊水すすきの駅間だった。豊水すすきの駅以遠は、現在も市電が運行されている、山鼻方面も検討されたが、月寒通りの渋滞解消を鑑みて月寒、北野方面とされた。そのため、終点を北野地区としていたが、沿線人口が伸び悩んでいることもあり、福住駅を終点とした。

　現在も、北野、清田地区への延伸が計画されているが、ルートの選定など課題が多く、いまだ決定的な話はない。

　また、北部側も丘珠空港に近いこともあり、空港の滑走路を延長して飛行機のジェット化と、東豊線の空港乗り入れを模索しているが、これも実現には至っていない。

車両

　1988（昭和63）年12月の開業用に電機子チョッパ制御の7000形が4両編成で導入された。開業前は東西線の6000形の6両編成の改良型を増備して投入する予定だったが、運用する編成両数が4両になったこともあり、車体のデザインを変更した7000形を製造した。

　車両の配置区を東西線の西車両基地としたため、東豊線のさっぽろ駅と東西線西11丁目駅間に連絡線を設け、車両基地のある西28丁目駅まで回送することとなった。そのため、機器などの基本構造は6000形に準じている。

　将来的に8両編成化を可能としていたが、9000形の登場で置き換えられ、2016（平成28）年までに4両編成のまま全廃された。

　現在の主力となる9000形は、2015（平成27）年5月から運用が開始された車両で、2016（平成28）年までに20編成が製造され、7000形を順次置き換えた。「人と環境にやさしい地下鉄」をコンセプトとしており、全車両に車いすスペースが設置されたほか、IGBT素子のVVVFインバーター制御を搭載し、将来のワンマン

運転も見据えた構造としている。

歴史

　東豊線は、1971（昭和46）年に、元町～山鼻間の地下鉄3号線が札幌市長期総合計画に盛り込まれたことに始まる。ただ、その後は南北線や東西線の建設が優先され、実際に建設が可決されたのは1980（昭和55）年頃となる。

　最初の建設区間は、混雑の激しい南北線の緩和を目的に、栄町駅～豊水すすきのの駅間とし、1988（昭和63）年12月2日に開業した。

　豊水すすきのの駅以遠は、当初は山鼻方面を考えていたが、競合する市電の廃止に反対意見があり、福住へと変更された。1994（平成6）年10月14日に、豊水すすきのの駅～福住駅間が開業し、現在に至っている。

東豊線開業時に投入された7000形

7000形の車内。現在は全車両が引退した

札幌市営地下鉄●東豊線

駅名	営業キロ	ナンバリング	駅の構造	開業日	ホームドア	備考
栄町	0.0	H01	地下	1988（昭和63）12.2	○	
新道東	0.9	H02	地下	1988（昭和63）12.2	○	
元町	2.1	H03	地下	1988（昭和63）12.2	○	
環状通東	3.5	H04	地下	1988（昭和63）12.2	○	
東区役所前	4.5	H05	地下	1988（昭和63）12.2	○	
北13条東	5.4	H06	地下	1988（昭和63）12.2	○	
さっぽろ	6.7	H07	地下	1988（昭和63）12.2	○	
大通	7.3	H08	地下	1988（昭和63）12.2	○	
豊水すすきの	8.1	H09	地下	1988（昭和63）12.2	○	
学園前	9.5	H10	地下	1994（平成6）10.14	○	
豊平公園	10.4	H11	地下	1994（平成6）10.14	○	
美園	11.4	H12	地下	1994（平成6）10.14	○	
月寒中央	12.6	H13	地下	1994（平成6）10.14	○	
福住	13.6	H14	地下	1994（平成6）10.14	○	

駅の開業日は東豊線の駅としての開業日

東西線

概要

　東西線は、札幌市西部の宮の沢駅から中心部の大通を通り、東部の新さっぽろ駅を結ぶ20.1kmの路線で、ラインカラーはオレンジ、路線記号はTを使用する。

　車両は、南北線と同じくゴムタイヤ方式だが、集電方式は第三軌条からパンタグラフによる1500Vの架空電車線方式に変更された。

　最初の区間となる琴似駅〜白石駅間開業当初は、ATOによる自動運転が行われていたが、乗り心地が悪く、1990（平成2）年頃より手動運転に切り替えられた。その後、改良型のATOを搭載した8000形が登場すると、2008（平成20）年からATO運転が再開され、翌年からはワンマン運転も開始された。

　車両基地は、当初西28丁目駅と二十四軒駅間に位置する西車両基地が使用されたが、ひばりが丘駅から離れた位置に東車両基地が新設されると、東西線車両は東車両基地の所属となり、西車両基地は東豊線車両の配置区となっている。

車両

　1976（昭和51）年の開業時には、電機子チョッパ制御の6000形が4両編成で運用された。新さっぽろ駅延伸時からは6両編成に増強され、1999（平成11）年の宮の沢駅延伸時には、8000形が新製されたほか、6000形に8300形を1両組み込み7両化された。

　8000形は、IGBT素子のVVVFインバーター制御車で、将来のワンマン運転に備え、6000形では中止されたATO装置の改良型も搭載された。6000形の中間車に8300形を組み込んだのは、将来的に6000形を廃車にした際、8300形を新製した8000形の中間車に組み込む計画だったためだ。

　最初に登場した8000形は、6000形の末尾を継承した8125、8126編成で全車両が新製された。その後6000形の廃車で余剰となった8300形を組み込んだ編成が誕生するが、末尾を合わせるため、編成番号が新製順ではないのが特徴で、トップナンバーの8101編成は2007（平成19）年誕生の7次車となる。

　また、8300形のうち3両が8800形に改番され第8・16・19編成に組み込まれ

たほか、20 編成が全車両新製されるなど複雑な製造と組成を行った結果、第 5・18 編成が欠番となっている。

歴史

　札幌市では、1966（昭和 41）年に、市内交通に高速度交通機関を整備する方針が示され、南北線と東西線の建設が計画された。
　南北線は、札幌冬季オリンピックの真駒内会場への輸送を担うため、先に着工され 1971（昭和 46）年 12 月に開通した。
　一方東西線の方は、同年の市議会において琴似駅～白石駅間の着工が決定し、札幌市内を東西に結び、中心部の大通駅

丸みのある東西線の 8000 形

で南北線と接続する路線とされた。
　1976（昭和 51）年 6 月 10 日に最初の区間となる琴似駅～白石駅間が開業、1982（昭和 57）年 3 月 21 日に白石駅～新さっぽろ駅間が延伸、1999（平成 11）年 2 月 25 日に琴似駅～宮の沢駅間の開業で現在の姿となった。

札幌市営地下鉄●東西線

駅名	営業キロ	ナンバリング	駅の構造	開業日	ホームドア	備考
宮の沢	0.0	T01	地下	1999（平成 11）2.25	○	
発寒南	1.5	T02	地下	1999（平成 11）2.25	○	
琴似	2.8	T03	地下	1976（昭和 51）6.10	○	
二十四軒	3.7	T04	地下	1976（昭和 51）6.10	○	
西 28 丁目	4.9	T05	地下	1976（昭和 51）6.10	○	
円山公園	5.7	T06	地下	1976（昭和 51）6.10	○	
西 18 丁目	6.6	T07	地下	1976（昭和 51）6.10	○	
西 11 丁目	7.5	T08	地下	1976（昭和 51）6.10	○	
大通	8.5	T09	地下	1976（昭和 51）6.10	○	
バスセンター前	9.3	T10	地下	1976（昭和 51）6.10	○	
菊水	10.4	T11	地下	1976（昭和 51）6.10	○	
東札幌	11.6	T12	地下	1976（昭和 51）6.10	○	
白石	12.7	T13	地下	1976（昭和 51）6.10	○	
南郷 7 丁目	14.1	T14	地下	1982（昭和 57）3.21	○	
南郷 13 丁目	15.2	T15	地下	1982（昭和 57）3.21	○	
南郷 18 丁目	16.4	T16	地下	1982（昭和 57）3.21	○	
大谷地	17.9	T17	地下	1982（昭和 57）3.21	○	
ひばりが丘	18.9	T18	地下	1982（昭和 57）3.21	○	
新さっぽろ	20.1	T19	地下	1982（昭和 57）3.21	○	

駅の開業日は東西線の駅としての開業日

東北エリア

仙台市地下鉄

南北線／東西線

仙台市地下鉄路線図

泉中央
八乙女
黒松
旭ヶ丘
台原
北仙台
南北線
北四番丁
勾当台公園
広瀬通
仙台
宮城野通
五橋
連坊
薬師堂
東西線
卸町
六丁の目
荒井
愛宕橋
河原町
長町一丁目
長町
長町南
富沢
青葉山
川内
国際センター
大町西公園
青葉通一番町
八木山動物公園

南北線

概要

　仙台市地下鉄南北線は、宮城県仙台市泉区の泉中央駅から同市太白区の富沢駅までの 14.8 kmを結んでいる。南北線のラインカラーは緑で、路線記号は N、開業当時から全列車が 4 両編成で運行され、ワンマン運転が行われている。

　軌間は 1067mmで、使用電圧は 1500V、これは JR の仙石線と同じである。実は計画段階から国鉄（現・JR）仙石線と直通運転の構想はあったが、実現していない。また今後も、実現性はないと思われる。

　仙台市地下鉄の開業は、仙台市が掲げていた交通問題解消政策に基づいた計画だった。高度成長期の昭和 30 年代、人口増加による道路交通において、道路渋滞が慢性化し、市電を運行していた仙台市も、電車の遅延が増大し、抜本的な問題解決を考えていた。

　1963（昭和 38）年には、仙台市交通対策委員会が設置され、地下鉄の導入を検討するようになった。それから長期間にわたって紆余曲折あり、1987（昭和 62）年 7 月 15 日に、仙台市で初めての地下鉄路線として、仙台市地下鉄南北線の八乙女駅〜富沢駅間が開業した。

　現在は泉中央駅から富沢駅まで運行されている。車両は開業当時からの 1000 系を使用し、4 両編成で運行されている。ATO 列車自動運転装置による自動運転が行われており、将来的に、駅のホームなどは 6 両編成まで対応できるように造られている。

　2011（平成 23）年 3 月 11 日に発生した、東日本大震災の影響により全線で運休したが、早くも 14 日から、台原駅〜富沢駅間において折り返し運転を開始した。全線（泉中央駅〜富沢駅）で運転を開始したのは、翌月 4 月 29 日のことだった。

　2015（平成 27）年 12 月 6 日からは、仙台市地下鉄東西線が開業し、ダイヤ改正が行われた。

車両

　開業当初から使用されている 1000 系は、1985（昭和 60）年に落成され、1987（昭和 62）年 7 月 15 日にデビューした。

　開業当初は 4 両編成 19 本が用意され、車体は 20 m 級の片側 4 扉、アルミ合金製車体である。なお先頭車は、中間車との乗車定員を合わせるために、中間車の構体に運転室を付けたため、2 m 長い 22 m

となっている。

　その構造から、先頭車前部の台車は、やや奥まった構造となり、カーブなどでは、オーバーハングが大きくなる。台車は外付けのディスクブレーキ付き台車であり、東急電鉄7000系などが採用していたパイオニアⅢと、外観がよく似ている。

　特異な車両形状で、カラーリングはアルミ合金性ながら全面塗装が施され、ホワイトをベースに、ライトグリーンとエメラルドグリーンの細帯を巻いている。

　制御装置はATO自動運転装置を採用し、開業当初からワンマン運転を行って

いた。2004（平成16）年度より車両更新工事が行われ、系列名称が1000系から（Newの頭文字を付けた。）1000N系と改番されている。

　更新された車両は、電機子チョッパ制御からVVVFインバーター制御に載せ替えられ、冷房装置の新設、車椅子スペースの新設など、バリアフリー対策も行われた。なお、1000系登場から通算して、30年以上が経過したことから、新型車両の置き換えも決定しており、今後はその新型車両に置き換えられていくことになるだろう。

東北初の地下鉄となった南北線。1000系は更新工事で1000N系に変わった

歴史

1963（昭和38）年に、仙台市交通対策委員会が設置され、仙台市における「高速大量輸送機関」の検討が始められ、擬態的な地下鉄路線の構想が計画された。発展する「杜の都・仙台」にふさわしい交通政策の検討が続けられ、市街地と中心を南北に結ぶ鉄道計画が進み、仙台市地下鉄南北線の事業へと繋がった。

1980（昭和55）年5月30日に、地下鉄南北線事業免許を取得。翌年の1981（昭和56）年5月7日より、工事が開始された、との記録が残っている。1987（昭和62）年1月30日から、最初に開業する八乙女駅〜富沢駅間において試運転を開始し、同じ年の7月15日には、同区間が開業、営業運転が開始された。

開業当初から、ATO自動運転装置によるワンマン運転が行われ、特にトラブルもなく、順調に運行が続けられた。1988（昭和63）年7月22日には、八乙女駅〜泉中央駅間の延伸事業免許を取得した。

1989（平成元）年11月9日には、同区間において工事が開始され、1992（平成4）年7月15日に開業した。運行については、富沢駅の構内の奥が車両基地となっており、すべての列車が途中駅止まりを行わずに、泉中央駅〜富沢駅を通しで運転される。また、車両基地には南北線を走るすべての列車が所属している。なお、仙台駅を発着する東北新幹線の時刻に合わせて、ダイヤ改正も行われている。

仙台市地下鉄●南北線

駅名	営業キロ	ナンバリング	駅の構造	開業日	ホームドア	備考
泉中央	0.0	N01	地下	1992（平成4）7.15	○	
八乙女	1.2	N02	地上	1987（昭和62）7.15	○	
黒松	2.5	N03	地上	1987（昭和62）7.15	○	
旭ヶ丘	3.3	N04	地下	1987（昭和62）7.15	○	
台原	4.3	N05	地下	1987（昭和62）7.15	○	
北仙台	5.4	N06	地下	1987（昭和62）7.15	○	
北四番丁	6.6	N07	地下	1987（昭和62）7.15	○	
勾当台公園	7.3	N08	地下	1987（昭和62）7.15	○	
広瀬通	7.9	N09	地下	1987（昭和62）7.15	○	
仙台	8.5	N10	地下	1987（昭和62）7.15	○	
五橋	9.4	N11	地下	1987（昭和62）7.15	○	
愛宕橋	10.0	N12	地下	1987（昭和62）7.15	○	
河原町	10.9	N13	地下	1987（昭和62）7.15	○	
長町一丁目	11.7	N14	地下	1987（昭和62）7.15	○	
長町	12.4	N15	地下	1987（昭和62）7.15	○	
長町南	13.3	N16	地下	1987（昭和62）7.15	○	
富沢	14.8	N17	地上	1987（昭和62）7.15	○	

駅の開業日は南北線の駅としての開業日

東西線

概要

　仙台市で2番目の地下鉄路線として、2015（平成27）年12月6日に、八木山動物公園駅～荒井駅間が開業した。全駅が仙台市内にあり、南北線を中心に東西に伸びる路線として、13駅が誕生した。東西線のラインカラーは青で、路線記号はTである。

　東の八木山動物公園駅から西側の荒井駅までの高低差は100mもある。東西線は南北線に比べて、トンネルの断面が小さく、東京の大江戸線や大阪の長堀鶴見緑地線と同様に、鉄輪式リニアモーター方式を採用した。つまり「ミニ地下鉄」の規格で、車両のサイズも小さく、2000系4両編成が活躍している。

　沿線には公園や学校なども多く、すでに営業している南北線とともに、地下鉄利用だけで市内の主要地区に移動できるように整備されている。なお、各駅のデザインは景観を大切にしたものとなっており、特に国際センター駅においては、1000人を収容できるホールや合計12の会議室、展示場を備えた近代的な国際会議場へのアクセス駅となっており、斬新な駅舎デザインを採用している。

　駅舎2階にも市民交流施設が併設されており、仙台市民の憩いの場となっている。また展望台からは、国際展示場駅を発車する東西線の電車も見ることができる。なお、今のところ、東西線に延伸の予定はない。

車両

　開業当時から使用されている2000系は、東京の大江戸線や大阪の長堀鶴見緑地線と同様に、鉄輪式リニア方式を採用した車両のため、2000系も小型車両となった。そのため、トンネルや施設などを、コンパクトに建設することもできた。車両断面が小さいことから、「ミニ地下鉄」という名前で呼ばれることもある。

　リニア駆動の2000系は、台車の下部に搭載されているコイルに電流を流し、軌間中央に敷かれているリアクションプレートとの間に、磁気を発生させ、吸引と反発の力によって、車両を動かしている。

　建設中のリニア中央新幹線のような浮上式と違うのは、浮上自体はせず、従来のように、車輪と軌道の摩擦を利用し、一定方向への移動を行なっている、とい

鉄輪式リニア方式の東西線 2000 系

う部分である。2000 系車両も、この原理を利用して走行している。

　運転は ATO 装置による自動運転が行われ、ワンマン運行されている。車体は16ｍ級の片側３扉で、アルミニウム合金製の無塗装の車両である。ラインカラーである「青」は、車体側面上部に配置されている。

　現在は４両編成で運行されているが、将来的には５両編成に増結して、運行されることが想定されており、プラス１両増結できる編成構造になっている。

歴史

　構想自体は、1970 年代から検討されていたようだが、当初はこの地下鉄案とモノレール方式案、当時の国鉄仙石線を延伸させる形で開業させる案の、３つの構想があった。

　最終的に南北線を中心に東西に延びる路線として建設されたが、1998（平成10）年には東西線のルート案が公表され、沿線の利便性だけではなく、周辺の地域も、バスによる利便性を向上させる、と

した上で、具体的な構想に入った。

　1999（平成11）年には、仙台市が「アクセス30分構想」コンパクトシティを掲げた。内容は、中心部と2本の地下鉄沿いの泉中央駅・長町駅の両拠点を中心として、JRを含めた鉄道路線沿いに、なるべく人口を集める。それ以外の地域においても、最寄りの鉄道駅までバスによる輸送によって、都心まで30分以内の所要時間で、行き来が可能な都市を目指すというもの。

　この2本の地下鉄というのが、南北線と東西線で、この30分構想の基本骨格、1つの大きな柱として挙げられている。

翌年の2000（平成12）年3月には、東西線の正式なルートが決定し、新方式の鉄輪式リニア方式が、地形的にも財政的にも適していると言われ決定した。

　当時、JR仙石線との相互直通運転も構想されたが、車両や設備の規格が異なるために、断念されている。2006（平成18）年11月1日に、建設工事が着工した。途中、2011（平成23）年3月11日に発生した東日本大震災の影響により、一時工事が中断したが、6月20日以降に無事再開された。そして2015（平成27）年12月6日に、八木山動物公園駅〜荒井駅間が開業し、現在に至る。

仙台市地下鉄●東西線

駅名	営業キロ	ナンバリング	駅の構造	開業日	ホームドア	備考
八木山動物公園	0.0	T01	地下	2015（平成27）12.6	○	
青葉山	2.1	T02	地下	2015（平成27）12.6	○	
川内	3.6	T03	地下	2015（平成27）12.6	○	
国際センター	4.3	T04	地上	2015（平成27）12.6	○	
大町西公園	5.0	T05	地下	2015（平成27）12.6	○	
青葉通一番町	5.6	T06	地下	2015（平成27）12.6	○	
仙台	6.4	T07	地下	2015（平成27）12.6	○	
宮城野通	7.1	T08	地下	2015（平成27）12.6	○	
連坊	8.3	T09	地下	2015（平成27）12.6	○	
薬師堂	9.5	T10	地下	2015（平成27）12.6	○	
卸町	11.0	T11	地下	2015（平成27）12.6	○	
六丁の目	12.3	T12	地下	2015（平成27）12.6	○	
荒井	13.9	T13	地上（ホームは地下）	2015（平成27）12.6	○	

駅の開業日は東西線の駅としての開業日

中部エリア

名古屋市営地下鉄

東山線／名城線・名港線／鶴舞線
桜通線／上飯田線

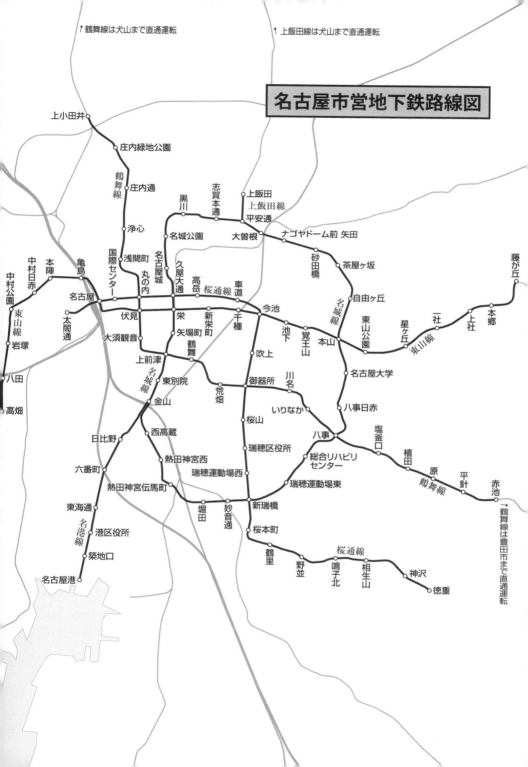

名古屋市営地下鉄路線図

↑鶴舞線は犬山まで直通運転

↑上飯田線は犬山まで直通運転

上小田井
庄内緑地公園
鶴舞線
庄内通
浄心
黒川
志賀本通
上飯田
上飯田線
平安通
ナゴヤドーム前 矢田
名城公園
大曽根
砂田橋
茶屋ヶ坂
自由ヶ丘
中村日赤
本陣
亀島
国際センター
浅間町
丸の内
名古屋城
久屋大通
高岳
車道
藤が丘
中村公園
名古屋
桜通線
今池
名城線
本郷
東山線
岩塚
太閤通
伏見
栄
新栄町
千種
池下
覚王山
本山
東山公園
星ヶ丘
一社
上社
東山線
八田
大須観音
矢場町
鶴舞
吹上
名古屋大学
高畑
上前津
名城線
東別院
荒畑
御器所
川名
いりなか
八事日赤
塩釜口
植田
日比野
西高蔵
桜山
瑞穂区役所
八事
原
鶴舞線
平針
赤池
六番町
熱田神宮西
瑞穂運動場西
総合リハビリ
センター
→
鶴舞線は豊田市まで直通運転
熱田神宮伝馬町
瑞穂運動場東
東海通
名港線
港区役所
堀田
妙音通
新瑞橋
桜本町
築地口
鶴里
桜通線
野並
鳴子北
相生山
神沢
名古屋港
徳重

東山線

概要

　東山線（1号線）は、愛知県名古屋市中川区の高畑駅から同市名東区の藤が丘駅までを結んでいる。ラインカラーは黄色（ウィンザーイエロー）で、路線記号はHである。ちなみにラインカラーの黄色は、開業当初の100形の車体色であり、現在主力で運行しているN1000形も、アルミ製車体ながら腰部に黄色のラインを巻いている。

　名古屋市の地下鉄は、東京、大阪に続いて3番目に登場した。1936（昭和11）年ごろに、第1次計画として、高速鉄道（地下鉄）の必要性が論議されるようになった。名古屋市の人口が1934（昭和9）年ごろには100万人を超えたこともあり、その実現は急務と言われるようになった。

　東山線が誕生したのは、1957（昭和32）年11月15日の名古屋駅～栄町駅間が始まりで、開業初日の一般営業は大混雑となり、名古屋市民の期待の高さが表れていたそうだ。

　現在の東山線は、高畑駅～藤が丘駅間を東西に結ぶ路線に成長し、名古屋市営の路線の中でも、最も需要度が高い路線である。

　2005（平成17）年に開催された愛知万博を機に、5カ国語の案内を表示をするようになり、名古屋周辺の公共交通機関（他の地下鉄路線や名鉄）などに広げていくきっかけとなった。

車両

　1957（昭和32）年に名古屋駅～栄町駅間が開業した際に導入されたのは100形で、名古屋市営にとって、最初の地下鉄車両となった。元々市電を運行していた経験から、ゴムのせん断力を利用した弾性車輪が採用され、車体構造も床下機器を包み込む「ボディーマウント構造・モノコック車体」とした。ボディーマウントに関しては、以降営団6000系に試作段階で採用された以外は、その後本格的な導入はされなかった。

　車体は15.5m、片側3扉で、他の地下鉄車両のサイズと比べて、ひとまわりほど小さいイメージだ。現在は廃車され、一部の編成は名古屋市が運営する「レトロでんしゃ館」にて静態保存されている。

　100形登場以降も、300形など黄色いボディーの車両導入が続いたが、1980（昭

和 55）年にアルミニウム合金製、電機子チョッパ制御を搭載した 5000 形が登場した。前面は、当時流行していた左右非対称顔（貫通扉を左側にオフセットしたデザイン）で、スタイリッシュなデザインは、東山線のイメージアップとして好評だった。また、同線初の冷房装置を搭載した車両で、サービスの向上にも貢献した。

現在は 1992（平成 4）年から運行を開始している 5050 形と、2008（平成 20）年に登場した N1000 形が主力車両だ。共に VVVF インバーター制御を搭載したス

テンレス製車体である。

歴史

東山線（1 号線）は、1954（昭和 29）年 8 月 31 日に栄町駅工区において起工式が行われた。そこから約 3 年の年月をかけて、1957（昭和 32）年 11 月 15 日、名古屋駅〜栄町駅間が開業した。

その後も延伸が進み、1960（昭和 35）年 6 月 15 日に、栄町駅〜池下駅間が開業、1963（昭和 38）年 4 月 1 日に、池下駅〜東山公園駅間が開業した。1969（昭

1992 年に登場した 5050 形は現在更新工事が進められている

和44) 年4月1日に、中村公園駅〜名古屋駅間と星ヶ丘駅〜藤が丘駅間がそれぞれ開業し、一社駅〜藤が丘駅間は、地上高架線で建設された。現在の運行系統になったのは、1982（昭和57）年9月21日に高畑駅〜中村公園駅間が開業してからである。

　今後はリニア中央新幹線開業に伴う名古屋市の再開発の一環から、新駅設置を計画しているようだ。ちなみに東山線が路線名として正式に呼ばれるようになったのは、1969（昭和44）年4月25日のことだ。（それまでは1号線と呼ばれていた。）

2008年に誕生したN1000形

名古屋市営地下鉄●東山線

駅名	営業キロ	ナンバリング	駅の構造	開業日	ホームドア	備考
高畑	0.0	H01	地下	1982（昭和57）9.21	○	
八田	0.9	H02	地下	1982（昭和57）9.21	○	
岩塚	2.0	H03	地下	1982（昭和57）9.21	○	
中村公園	3.1	H04	地下	1969（昭和44）4.1	○	
中村日赤	3.9	H05	地下	1969（昭和44）4.1	○	
本陣	4.6	H06	地下	1969（昭和44）4.1	○	
亀島	5.5	H07	地下	1969（昭和44）4.1	○	
名古屋	6.6	H08	地下	1957（昭和32）11.15	○	
伏見	8.0	H09	地下	1957（昭和32）11.15	○	開業時は伏見町 1966（昭和41）6.1改称
栄	9.0	H10	地下	1957（昭和32）11.15	○	開業時は栄町 1966（昭和41）6.1改称
新栄町	10.1	H11	地下	1960（昭和35）6.15	○	
千種	11.0	H12	地下	1960（昭和35）6.15	○	
今池	11.7	H13	地下	1960（昭和35）6.15	○	
池下	12.6	H14	地下	1960（昭和35）6.15	○	
覚王山	13.2	H15	地下	1963（昭和38）4.1	○	
本山	14.2	H16	地下	1963（昭和38）4.1	○	
東山公園	15.1	H17	地下	1963（昭和38）4.1	○	
星ヶ丘	16.2	H18	地下	1967（昭和42）3.30	○	
一社	17.5	H19	地下	1969（昭和44）4.1	○	
上社	18.6	H20	地上	1970（昭和45）12.10	○	
本郷	19.3	H21	地上	1969（昭和44）4.1	○	
藤が丘	20.6	H22	地上	1969（昭和44）4.1	○	

駅の開業日は東山線の駅としての開業日

名城線・名港線

概要

名城線は2号線の一部（大曽根駅〜栄駅〜金山駅間）と、4号線（金山駅〜名古屋大学駅〜大曽根駅間）の2つの路線で形成されている。

名城線（2号線）の詳細は、愛知県名古屋市東区の大曽根駅から、同市中区の栄駅、金山駅、同市瑞穂区の新瑞橋駅、同市千種区の名古屋大学駅や本山駅を経て、大曽根駅までを環状に結んでいる。名城線（4号線）は、大曽根駅〜名古屋大学駅〜金山駅を繋いでいる。ラインカラーは紫（藤色）で、路線記号はMである。

名港線は、2号線の一部として（金山駅〜名古屋港駅間）で運行しており、結果的に名城線の支線的な役割を果たしている。ラインカラーは紫（藤色）に、白の1本線が入る。路線記号はEである。

名城線の開業は、2号線部分の1965（昭和40）年10月15日栄町駅〜市役所（現・名古屋城）駅が最初の区間である。現在は、金山駅から4号線として開業した名古屋大学駅を経由して、大曽根駅で再び、2号線に接続する環状運転を行っている。

名城線は、国内で初の地下鉄環状路線として登場した。同じく環状運転している東京の山手線や、大阪の大阪環状線と違って、方向名称を「外回り」「内回り」という表現は使わず、時計の針の進み方を表現した、「右回り」「左回り」で表している。

理由は、地下ではランドマーク的な建物を見ることができないため、手元に路線図を持ったときに、時計回りに進んでいくのが「右回り」、その逆を「左回り」と表現したもので、大変分かりやすい工夫がなされている。

名港線は、1971（昭和46）年3月29日に金山駅〜名古屋港駅間が開業。当初は名城線として運行されたが、金山駅〜大曽根駅方面の列車が環状運転を始めると、路線名を名港線に変更し、現在に至っている。なお、名城線と名港線ともに、車両は共通で使用され、第三軌条方式による集電を行っている。

車両

1965（昭和40）年の開業当初は、1000形が使用されていた。1000形は1号線（東山線）で活躍する100形や200形を基本とした普通鋼製の車体で、車体長は約15.5m。外観は、東山線の車両と同様

に黄色をベースにしているが、腰部に薄紫の細帯が入っている。これがのちのラインカラーとなり、現在も引き継がれている。

車体は片側3扉だが、両開きの扉を採用しており、名古屋市営地下鉄として初

めての導入となった。

1989（平成元）年6月10日から、現在活躍している2000形が登場。オールステンレス製のVVVFインバーター制御を搭載した車両で、名城線と名港線で活躍している。なお、同線は相互乗り入れを

名古屋市営地下鉄●名城線

系統	駅名	営業キロ	ナンバリング	駅の構造	開業日	ホームドア	備考
←2号線→	金山	0.0	M01	地下	1967（昭和42）3.30	○	
←2号線→	東別院	0.7	M02	地下	1967（昭和42）3.30	○	
←2号線→	上前津	1.6	M03	地下	1967（昭和42）3.30	○	
←2号線→	矢場町	2.3	M04	地下	1967（昭和42）3.30	○	
←2号線→	栄	3.0	M05	地下	1965（昭和40）10.15	○	開業時は栄町 1966（昭和41）6.1 改称
←2号線→	久屋大通	3.4	M06	地下	1989（平成元）9.10	○	
←2号線→	名古屋城	4.3	M07	地下	1965（昭和40）10.15	○	開業時は市役所 2023（令和5）1.4 改称
←2号線→	名城公園	5.4	M08	地下	1971（昭和46）12.20	○	
←2号線→	黒川	6.4	M09	地下	1971（昭和46）12.20	○	
←2号線→	志賀本通	7.4	M10	地下	1971（昭和46）12.20	○	
←2号線→	平安通	8.9	M12	地下	1971（昭和46）12.20	○	
←2号線→ ←4号線→	大曽根	8.2	M11	地下	1971（昭和46）12.20	○	
←4号線→	ナゴヤドーム前矢田	9.7	M13	地下	2000（平成12）1.19	○	
←4号線→	砂田橋	10.6	M14	地下	2000（平成12）1.19	○	
←4号線→	茶屋ヶ坂	11.5	M15	地下	2003（平成15）12.13	○	
←4号線→	自由ヶ丘	12.7	M16	地下	2003（平成15）12.13	○	
←4号線→	本山	14.1	M17	地下	2003（平成15）12.13	○	
←4号線→	名古屋大学	15.1	M18	地下	2003（平成15）12.13	○	
←4号線→	八事日赤	16.2	M19	地下	2004（平成16）10.6	○	
←4号線→	八事	17.2	M20	地下	2004（平成16）10.6	○	
←4号線→	総合リハビリセンター	18.5	M21	地下	2004（平成16）10.6	○	
←4号線→	瑞穂運動場東	19.5	M22	地下	2004（平成16）10.6	○	
←4号線→	新瑞橋	20.7	M23	地下	1974（昭和49）3.30	○	
←4号線→	妙音通	21.4	M24	地下	1974（昭和49）3.30	○	
←4号線→	堀田	22.2	M25	地下	1974（昭和49）3.30	○	
←4号線→	熱田神宮伝馬町	23.4	M26	地下	1974（昭和49）3.30	○	開業時は伝馬町 2023（令和5）1.4 改称
←4号線→	熱田神宮西	24.4	M27	地下	1974（昭和49）3.30	○	開業時は神宮西 2023（令和5）1.4 改称
←4号線→	西高蔵	25.3	M28	地下	1974（昭和49）3.30	○	
←4号線→	金山	26.4	M01	地下	1967（昭和42）3.30	○	

起点は2号線が大曽根〜栄〜金山 4号線が大曽根〜新瑞橋〜金山だが、便宜上駅ナンバリング順で表記
駅の開業日は名城線の駅としての開業日

名古屋市営地下鉄●名港線

駅名	営業キロ	ナンバリング	駅の構造	開業日	ホームドア	備考
金山	0.0	E01	地下	1971（昭和46）3.29	○	
日比野	1.5	E02	地下	1971（昭和46）3.29	○	
六番町	2.6	E03	地下	1971（昭和46）3.29	○	
東海通	3.8	E04	地下	1971（昭和46）3.29	○	
港区役所	4.6	E05	地下	1971（昭和46）3.29	○	
築地口	5.4	E06	地下	1971（昭和46）3.29	○	
名古屋港	6.0	E07	地下	1971（昭和46）3.29	○	

駅の開業日は名港線の駅としての開業日

行っていないので、この1形式のみでの運用である。

歴史

名城線は当初、2号線と名乗り、1965（昭和40）年10月15日に栄町（現・栄）駅～市役所（現・名古屋城）駅間が開業した。その2年後の1967（昭和42）年3月30日に、栄駅～金山駅間が開業。1969（昭和44）年には、路線名称が与えられ、名城線と呼ばれるようになった。

しかし、それまでの間、線形は東山線が東西に、名城線は南北に伸びており、栄駅で交差することから、東山線を東西線、名城線を南北線と呼ぶこともあったようだ。

1971（昭和46）年3月29日には、金山駅～名古屋港駅間の現在の名港線部分が開業した。12月20日には、市役所（現・

名古屋城）駅～大曽根駅間が開業し、現在の名城線の2号線部分が全線開業した。

それ以降は、4号線部分の開業が進み、1974（昭和49）年3月30日に、4号線の新瑞橋駅～金山駅間が開業。名城線の列車はそのまま、4号線へ直通運転を開始。2000（平成12）年1月19日大曽根駅～砂田橋駅間が開業。2003（平成15）年12月13日には、砂田橋駅～名古屋大学駅間が開業した。

現在のような環状運転になったのは、2004（平成16）年10月6日のこと。新瑞橋駅～名古屋大学駅間が開業し、名城線（2号線）と4号線を合わせた環状運転を開始した。

この時に、4号線を含めて「名城線」と統一されるようになり、金山駅から名古屋港駅部分の枝線部分を、「名港線」と呼ぶようになった。

鶴舞線

概要

　ラインカラーは青、路線記号はＴの鶴舞線は上小田井駅〜赤池駅まで運行する路線で、上小田井駅から名古屋鉄道（以後、名鉄）犬山線と、赤池駅からは名鉄豊田線との相互直通運転を行っている。両端を同じ事業者と相互直通運転を行う形式は珍しく、東京メトロ東西線（JR東日本総武緩行線・中央緩行線）に続いて2例目と言える。

　当初から名鉄との相互直通運転を想定していたため、20ｍ級の大型車体、集電方法も、架空電車線方式直流1500Vが採用されている。

　最初の開業は、1977（昭和52）年3月18日で、伏見駅〜八事駅の間。開業と同時に、冷房化率100%、制御装置もAVFチョッパ制御と、当時の最新技術が搭載された3000形セミステンレスカーが運行を開始した。

　現在はN3000形、3050形の2形式に置き換わっているものの、直通開始当時から乗り入れてくる名鉄の100系や200系は、1979（昭和54）年から運用を開始している普通鋼車体の歴史ある車両だ。

車両

　1977（昭和52）年の開業当初から、2023（令和5）年3月まで運行されていたのは3000形である。直通相手（名鉄）の基準に合わせて、20ｍ級の大型車体で製造され、名古屋市営地下鉄初のセミステンレス製車体、冷房装置を搭載した車両だった。また、制御装置も電機子チョッパ制御（AVF）を採用し、当初は4両編成で運行されていた。

　1993（平成5）年には3050形を導入。桜通線で導入された6000形と、仕様を共通化しコストダウンを目的とした設計をしている。VVVFインバーター制御装置を搭載した6両編成で、一部の編成は3000形を6両編成に組成した際に、余剰になった3000形の中間車を組み込んだ編成もあった。2012（平成24）年には、N3000形が運用を開始。名古屋市営地下鉄で、初めてのアルミ合金製車体と、ステンレス車体の2種類の車両が存在する。

　現在は3050形とN3000形の2形式のほか、名鉄からは100系と200系が乗り入れてくる。ちなみに、桜通線で運行されている6000形は、開業までの間、鶴舞線で試運転を行っていた実績がある。

歴史

　元々、八事駅～赤池駅間は、名鉄が持っていた事業免許を受け取る形で、計画がスタートした。それ以前は新三河鉄道が保有していたものであった。1977（昭和52）年3月18日に伏見駅～八事駅間が開業。翌年の1978（昭和53）年に八事駅～赤池駅間が開業し、さらにその翌年の1979（昭和54）年には、名鉄豊田線（当時は豊田新線）が開業し、相互直通運転を開始した。

　その後は、1981（昭和56）11月27日に浄心駅～伏見駅間、1984（昭和59）年に庄内緑地公園駅～浄心駅間が開業し

名鉄犬山線に乗り入れる鶴舞線のN3000形

た。今の形態になったのは、1993（平成5）年8月12日に上小田井駅～庄内緑地公園駅が開業し、名鉄犬山線との相互直通運転始めてからである。

名古屋市営地下鉄●鶴舞線

駅名	営業キロ	ナンバリング	駅の構造	開業日	ホームドア	備考
上小田井	0.0	T01	地上	1993（平成5）8.12	×	
庄内緑地公園	1.4	T02	地下	1984（昭和59）9.6	×	
庄内通	2.7	T03	地下	1984（昭和59）9.6	×	
浄心	4.1	T04	地下	1981（昭和56）11.27	×	
浅間町	4.9	T05	地下	1981（昭和56）11.27	×	
丸の内	6.3	T06	地下	1981（昭和56）11.27	×	
伏見	7.0	T07	地下	1977（昭和52）3.18	×	
大須観音	7.8	T08	地下	1977（昭和52）3.18	×	
上前津	8.8	T09	地下	1977（昭和52）3.18	×	
鶴舞	9.7	T10	地下	1977（昭和52）3.18	×	
荒畑	11.0	T11	地下	1977（昭和52）3.18	×	
御器所	11.9	T12	地下	1977（昭和52）3.18	×	
川名	13.1	T13	地下	1977（昭和52）3.18	×	
いりなか	14.1	T14	地下	1977（昭和52）3.18	×	
八事	15.0	T15	地下	1977（昭和52）3.18	×	
塩釜口	16.4	T16	地下	1978（昭和53）10.1	×	
植田	17.6	T17	地下	1978（昭和53）10.1	×	
原	18.4	T18	地下	1978（昭和53）10.1	×	
平針	19.3	T19	地下	1978（昭和53）10.1	×	
赤池	20.4	T20	地下	1978（昭和53）10.1	×	

駅の開業日は舞鶴線の駅としての開業日
ホームドアの状況は2023年6月12日現在

桜通線

概要

　桜通線（6号線）は、愛知県名古屋市中村区の太閤通駅から同市緑区の徳重駅までを結んでいる。ラインカラーは赤で、路線記号はSである。

　1989（平成元）年9月10日に、中村区役所（現・太閤通）駅〜今池駅間が開業したのが始まりである。

　現在のところ桜通線の最終延伸区間は名古屋市営地下鉄において、最も新しい路線である。桜通線は太閤通駅〜徳重駅を結び、名古屋駅や御器所駅、新瑞橋駅などで、他の地下鉄路線との乗り換えが可能である。

　計画当初は、東山線の輸送人員が逼迫し、バイパス的な役割を担うために建設された路線であった。路線規格においては、集電は架空電車線方式を採用し、線路の軌間は1067mmとなっている。

　車両は20m級の大型車体を採用している。これは、JRや名鉄などの通常の鉄道と同じ規格である。よって、他社線との相互直通運転を想定したものと思われがちだが、車両基地を鶴舞線の日進工場にて共用することから、鶴舞線の規格に合わせた、というのが理由である。なお、

鶴舞線とは丸の内駅付近に連絡線を設けており、そこから鶴舞線に転線して、日進工場に向かうことができる。

車両

　1987（昭和62）年に登場したのは6000形。桜通線開業前で、同線が開業するまでは鶴舞線での試運転、営業運転が実施されていた。名古屋市営地下鉄としては、初めてのオールステンレス製車体の4両編成でデビューした。

　なお、ワンマン運転に対応し、ホームの監視をしやすくするために、運転台は右側に設置されている。徳重方の先頭車は、パンタグラフを2つ装備していた。現在はパンタを1機撤去している。また、5両編成に増結して、運行されている。

　6050形は、2010（平成22）年に導入された桜通線の次世代車両である。ステンレス車体で、6000形と同様に5両編成で製造されている。

歴史

　1972（昭和47）年の都市交通審議会答申第14号において、東山線のバイパ

スとして、6号線の名で計画された路線である。1983（昭和58）年に建設が開始されたが、名古屋の中心街を通すにあたり、JR名古屋駅の直下、既設の地下鉄路線や地下街などの、さらに下を通すため、大変難しい工事が続き、建設費も大きく膨れ上がった。

最初に開業したのは、1989（平成元）年9月10日に中村区役所（現・太閤通）駅〜今池駅間が開業。JR名古屋駅から伸びる桜通の真下を走る地下鉄路線ということで、路線名称を「桜通線」とし

た。1994（平成6）年2月16日からは、ATO自動列車運転装置を活用してワンマン運転を開始し、3月30日には今池駅〜野並駅間を延伸開業した。

現在の形になったのは、2011（平成23）年3月27日に野並駅〜徳重駅間が開業からだ。但し、3月11日に発生した東日本大震災に伴い、開業セレモニーやイベントなどは行わなかった。

今後の延伸計画なども存在したが、費用対効果が見込まれないとし、今のところ事業化には至っていない。

名古屋市営地下鉄●桜通線

駅名	営業キロ	ナンバリング	駅の構造	開業日	ホームドア	備考
太閤通	0.0	S01	地下	1989（平成元）9.10	○	開業時は中村区役所　2023（令和5）1.4改称
名古屋	0.9	S02	地下	1989（平成元）9.10	○	
国際センター	1.6	S03	地下	1989（平成元）9.10	○	
丸の内	2.4	S04	地下	1989（平成元）9.10	○	
久屋大通	3.3	S05	地下	1989（平成元）9.10	○	
高岳	4.0	S06	地下	1989（平成元）9.10	○	
車道	5.3	S07	地下	1989（平成元）9.10	○	
今池	6.3	S08	地下	1989（平成元）9.10	○	
吹上	7.4	S09	地下	1994（平成6）3.30	○	
御器所	8.4	S10	地下	1994（平成6）3.30	○	
桜山	9.5	S11	地下	1994（平成6）3.30	○	
瑞穂区役所	10.4	S12	地下	1994（平成6）3.30	○	
瑞穂運動場西	11.1	S13	地下	1994（平成6）3.30	○	開業時は瑞穂運動場　2004（平成16）10.6改称
新瑞橋	11.8	S14	地下	1994（平成6）3.30	○	
桜本町	12.9	S15	地下	1994（平成6）3.30	○	
鶴里	13.8	S16	地下	1994（平成6）3.30	○	
野並	14.9	S17	地下	1994（平成6）3.30	○	
鳴子北	16.0	S18	地下	2011（平成23）3.27	○	
相生山	16.9	S19	地下	2011（平成23）3.27	○	
神沢	18.3	S20	地下	2011（平成23）3.27	○	
徳重	19.1	S21	地下	2011（平成23）3.27	○	

駅の開業日は桜通線の駅としての開業日

上飯田線

概要

上飯田線は、愛知県名古屋市北区の平安通駅から同区の上飯田駅までを結んでいる。ラインカラーは桃色で、駅ナンバリングで用いられる路線記号はKである。

上飯田線の平安通駅と上飯田駅は、わずか1駅間しかない路線だが、上飯田駅からは名古屋鉄道（以後、名鉄）小牧線と相互直通運転を行い、犬山駅方面へとつながっている。直通運転区間は長いものの、上飯田線自体は、わずか800m（0.8km）の営業距離であり、「日本一短い地下鉄路線」として有名である。

車両

2003（平成15）年の開業当初に導入された車両は、7000形と呼ばれている。ステンレス製車体20m級、4両編成で運行されている。

車内は、地下鉄車両では珍しく、ロングシートの他に転換式クロスシートも備えられている。名鉄小牧線からは300系が姿を見せている。基本的には、名古屋市交通局7000形と共通の設計だが、名鉄3300系などと同じような外観を持っ

ている。

上飯田線用の車庫は無く、他の地下鉄路線とも直接的には繋がっていないため、車両の整備は、名鉄の犬山検査場や舞木検査場に委託している。しかしながら車両の所属先については、他の名古屋市営の車両と同様で、日進工場となっている。

歴史

元々は1972（昭和47）年の都市交通審議会答申第14号において、金山〜平安通〜上飯田を結ぶ7号線としての計画があったが、その後の答申で「上飯田線」に変更されたものである。

1992（平成4）年に、運輸政策審議会答申第12号の中で「名古屋圏における高速鉄道を中心とする交通網の整備に関する基本計画について」が挙げられ、名鉄小牧線利用者に対して、名古屋中心街への利便性を図るため、上飯田駅〜平安通駅間への新規路線（上飯田線）の緊急整備が求められた。

この計画によって、事業を円滑に進めるため、愛知県、名古屋市、名鉄などが出資する第三セクター方式の上飯田連絡

上飯田線の7000形は名鉄小牧線に乗り入れる

線株式会社を設立した。2003（平成15）年3月27日に、平安通駅～上飯田駅間が開業し、名鉄小牧線との相互直通運転が始まった。

　なお、運転業務は名鉄に委託されており、名鉄の乗務員は、上飯田駅で交代を

せず犬山駅～平安通駅間はそのまま乗務する。

　名鉄小牧線の旅客を、スムーズに都心へ送り込むために開業した路線であり、現在のところ、延伸の予定はない状況だ。

名古屋市営地下鉄●上飯田線

駅名	営業キロ	ナンバリング	駅の構造	開業日	ホームドア	備考
平安通	0.0	K02	地下	2003（平成15）3.27	○	
上飯田	0.8	K01	地下	2003（平成15）3.27	○	

駅の開業日は飯田線の駅としての開業日

思い出の車両

⑨札幌市営地下鉄 2000 形
北海道初の地下鉄南北線用に製造された車両で、
日本初のゴムタイヤ方式の地下鉄でもある。
南北線開業時から 1000 形と共に使用されたが、1999（平成 11）年に運行を終えた。

⑩札幌市営地下鉄 6000 形
1976（昭和 51）年に開業した東西線用車両で、
前面デザインが試作車では丸みを帯びていたが量産車では鋭角なスタイルに変わった。
2008（平成 20）年に運用を終えた。

近畿エリア

Osaka Metro

御堂筋線／谷町線／四つ橋線／中央線／千日前線
堺筋線／長堀鶴見緑地線／今里筋線

京都市営地下鉄

烏丸線／東西線

神戸市営地下鉄

西神・山手・北神線／海岸線

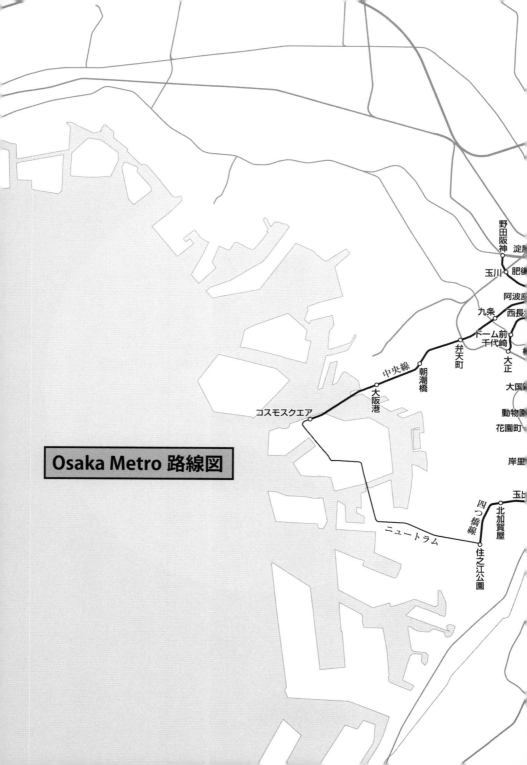

Osaka Metro 路線図

野田阪神
淀屋
肥後
玉川
阿波座
西長
九条
ドーム前
千代崎
大正
中央線
弁天町
朝潮橋
大阪港
大国
コスモスクエア
動物園
花園町
岸里
玉出
北加賀屋
四つ橋線
ニュートラム
住之江公園

↑御堂筋線は千里中央
まで直通運転

御堂筋線

東三国

新大阪

西中島南方

↑堺筋線は北千里、
京都河原町まで
直通運転

井高野

瑞光四丁目

だいどう豊里

今里筋線

大日

谷町線

守口

太子橋今市

千林大宮

新森古市

清水

門真南

鶴見緑地

関目高殿

野江内代

関目成育

中崎町

天神橋筋
六丁目

扇町

都島

南森町

京橋

蒲生
四丁目

長堀鶴見緑地線

今福鶴見

横堤

鴫野

中津

梅田

東梅田

北浜

天満橋

大阪
ビジネス
パーク

今里筋線

深江橋

堺筋本町

谷町
四丁目

森ノ宮

中央線

長田

心斎橋

谷町六丁目

緑橋

新深江

高井田

四ツ橋

なんば

長堀橋

松屋町

玉造

今里

日本橋

谷町九丁目

鶴橋

小路

堺筋線

四天王寺前
夕陽ケ丘

恵美須町

千日前線

北巽

天王寺

南巽

阿倍野

文の里

昭和町

田辺

西田辺

駒川中野

平野

長居

谷町線

出戸

長原

御堂筋線

あびこ

喜連瓜破

八尾南

北花田

新金岡

なかもず

中央線は学研奈良登美ケ丘
まで直通運転→

御堂筋線

概要

　大阪市高速電気軌道（以後、大阪メトロ）の前身は、大阪市が運営する大阪市営地下鉄として運行されていた。御堂筋線（1号線）は、その元祖と言われる路線で、我が国で初めて、公営で運営された地下鉄路線である。

　大阪府吹田市の江坂駅から大阪府堺市北区の中百舌鳥駅までを結んでおり、ラインカラーは臙脂色（赤、クリムゾンレッド）で、路線記号はMである。

　当初、路線名は1号線として、1933（昭和8）年5月20日に梅田駅〜心斎橋駅間が開業。現在は、江坂駅〜中百舌鳥駅間を結び、江坂駅から北大阪急行南北線との相互直通運転を行い、千里中央駅まで運転している。

　途中、新大阪や梅田、天王寺などの歓楽街を経由するので、京阪神エリアの中では1番のドル箱路線で、全国の地下鉄路線の中でもトップクラスに入るだろう。大阪を南北に貫く路線は最需要路線であり、御堂筋線を軸に、関西の鉄道路線が広がっている。

　それゆえに、利用客数は1日平均100万人を優に超える大幹線で、2番目に利用客数の多い谷町線の1日平均利用客数50万人ほどとは比較にならず、他の大阪メトロの路線を大きく圧倒している。

　ところで御堂筋線といえば、幼い頃に絵本や写真で見た、大きなアーチ天井の駅が印象的である。淀屋橋駅、梅田駅、心斎橋駅など、梅田駅〜心斎橋駅間の創業当時から存在する駅は、他の地下鉄路線にはない大きな空間が演出されている。当時、蛍光灯はなかったものの、柔らかな灯りの元に、落ち着いた雰囲気が魅力的だった。

　現在、梅田駅などは改修工事が行われたものの、当時の建築ベースを保っており、2008（平成20）年には「心斎橋駅舎他、御堂筋線の地下駅群」として、土木学会推奨土木遺産に選ばれた。2019（令和元）年11月30日には、梅田駅2番ホームの中百舌鳥寄りの位置に、巨大なLEDモニターが設置され、「地下におけるLEDスクリーン最大ディスプレー」として、ギネスに認定されている。

車両

　主力で活躍しているのは31系である。同系列は谷町線などで導入された32系

と同タイプの車両で、広義的に言うと30000系シリーズのうちの1つだ。

2011（平成23）年12月から10両編成の31系が御堂筋線に導入され、御堂筋線のラインカラーであるレッドの帯があしらわれている。車体はステンレス製18.9mで、JRなどの標準通勤車両（20m級）よりも、やや小ぶりながら片側に4扉を備えている。

車内にもこだわりが見られ、その中でも座席は形状に特徴があり、通勤・通学で使われることから、立ち上がりと着席が楽なように工夫されており、ストレスが少ない。座席数も1つのロングシートに、6人から5人がけに変更され、余裕を持たせている。

また、シートの下に照明を入れ、足元を照らす演出は、落とし物や忘れ物を見つけやすくなるなど、実用的にも良いだろう。

大阪メトロでは、1つの形式を、各路線に仕様変更して導入することが多く、30000系シリーズは現在、同社において最新型標準車両と言える。

現在の御堂筋線の車両は10両編成で、軌間は1435mm。第三軌条方式による集電を行っている。7両編成以上で同方式を採用しているのは、全国的に見ても御堂筋線以外にはない。

現在は31系の他に新20系となる21系（20000系シリーズ）も運行されている。

御堂筋線は、過去にも様々な車両が運行されていた。1933（昭和8）年5月20日の開業に合わせて導入したのは100形で、東京地下鉄道の1000形と同様に、欧米の地下鉄車両の保安システムを参考に製造され、車両もクリームとスカイブルーのツートンカラーと、当時としてはカラフルな装いで登場した。まず、目に付くのが、前面に大きく取り付けられた転落防止装置。「安全畳垣」と呼ばれていた。東京地下鉄道1000形に比べて、非常にゴツイ雰囲気である。

製造は神戸の川崎車輌などで行われたが、国鉄・大阪駅までは貨物列車に牽引され、大阪駅から地下の搬入口までは、道路上を牛が牽引する荷車に乗せられ、移動させられた。

100形は1970（昭和45）年の日本万国博覧会を前に全て引退したが、全部で

アーチ天井の淀屋橋駅

御堂筋線の20系シリーズ21系

10両製造されたうちの1両（105号車）が静態保存され、緑木検車場で保管されている。

10系は1976（昭和51）年2月に入線したアルミ車体の車両で、御堂筋線と言えば、この10系を思い浮かべる人も多いだろう。

残念ながら2022（令和4）年7月4日に全て運用を離脱したが、かつての大阪市営地下鉄の看板車両と言えるほどの印象があった。登場は1973（昭和48）年。当初は急行運転を想定していた谷町線用として、4両編成が登場。高速運転を目的とした車両だったが、保守面で、軌道や設備などの整備作業において懸念が出たため、その計画は立ち消えとなった。

しかし、当時の最新技術（電機子チョッパ制御）などを採用し、トンネル内の放熱を抑えられるため、高密度な運転を行う御堂筋線に、集中的に導入されていった。

額縁的な前面に、前面窓に収まった灯火類。同じ時代を走った大阪の地下鉄車両に比べると、先端的なデザインであった。また御堂筋線には、北大阪急行南北線と相互直通運転を行っている関係から、北大阪急行電鉄8000系や9000系が乗り入れている。

歴史

御堂筋線は、1925（大正14）年に開かれた、大阪市高速度交通機関協議会で策定された。1号線（御堂筋線）は「豊能郡豊津村榎坂〜東淀川区北川口町〜国鉄大阪駅〜都市計画路線御堂筋〜南海難波駅西端〜都市計画路線難波住吉線〜浪速区市電大国町交差点〜国鉄天王寺駅南側〜住吉区西田辺町〜住吉区我孫子町を結ぶ全長19.96kmの路線として計画された。

1930（昭和5）年1月29日に、梅田駅〜心斎橋駅間の工事に着手。1933（昭和8）年5月20日に、梅田（仮）駅〜心斎橋駅間が開業した。この時、梅田駅が仮駅となったのは、国鉄大阪駅の高架工事の兼ね合いと、用地買収が遅れたためだった。

大阪で初めての地下鉄開業は、広告にも非常に力が入り、堺の大浜にあった飛行場から飛び立った堺大浜日本航空輸送研究所の飛行機3機が、広告物5千枚、ビラ10万枚を空から散布した。多くの人が手に取り、地下鉄開業を知ることになった。

また、心斎橋駅にはエスカレーターを設置。先行して開業していた東京の地下鉄にはなかったので大注目されたが、当時は慣れない施設につまずく人が多く、転倒を防止するために、スロー運転をしていた。「階段で行ったほうが早い。」と、当時の大阪の市民は、エスカレーターはあまり使わなかったそうだ。

1935（昭和10）年10月30日に、心斎橋駅〜難波駅間が開業。大阪の2つの歓楽街である「キタ」と「ミナミ」が結ばれた。その後も1938（昭和13）年4

月 21 日には、難波駅〜天王寺駅が開業し、11 月には、さらに天王寺駅〜西田辺駅間の建設に着手した。

しかし、太平洋戦争による戦況が悪化してしまい、1943（昭和 18）年 3 月に建設が中止となった。建設が再開されたのは 1950（昭和 25）年 6 月 17 日。1951（昭和 26）年 12 月 20 日に、天王寺駅〜昭和町駅間、翌年の 1952（昭和 27）年 10 月 5 日に、昭和町駅〜西田辺駅間が開業した。

高度成長期に入り、改めて大阪市周辺の交通整備を見直すにあたり、1958（昭和 33）年 3 月 28 日の都市交通審議会答申第 3 号「大阪市およびその周辺における都市交通について」では、「1 号線（御堂筋線）の垂水〜南方・西田辺〜我孫子が特に力を注ぐべき路線、垂水〜千里山付近・我孫子〜堺市東部が今後の情勢の変化に対応し、慎重な考慮が必要だ。」とされた。

その答申を受け、輸送力増強と延伸計画が進み、1960（昭和 35）年 7 月 1 日に西田辺駅〜我孫子駅間が開業。我孫子駅以遠は、当初は堺筋線を延伸させる予定だったが、列車編成の限界を考慮し、将来的に御堂筋線を 10 両編成化させて対応することになり、1987（昭和 62）年 4 月 18 日に、我孫子駅〜中百舌鳥駅間が開業。現在の形となった。ちなみに 10 両編成の運行を開始したのは、1995（平成 7）年 12 月 9 日のことであった。

大阪市高速電気軌道・大阪メトロ●御堂筋線

駅名	営業キロ	ナンバリング	駅の構造	開業日	ホームドア	備考
江坂	0.0	M11	地上	1970（昭和 45）2.24	○	
東三国	2.0	M12	地上	1970（昭和 45）2.24	○	
新大阪	2.9	M13	地上	1964（昭和 39）9.24	○	
西中島南方	3.6	M14	地上	1964（昭和 39）9.24	○	
中津	5.4	M15	地下	1964（昭和 39）9.24	○	
梅田	6.4	M16	地下	1933（昭和 8）5.20	○	仮駅で開業
淀屋橋	7.7	M17	地下	1933（昭和 8）5.20	○	
本町	8.6	M18	地下	1933（昭和 8）5.20	○	
心斎橋	9.6	M19	地下	1933（昭和 8）5.20	○	
難波	10.5	M20	地下	1935（昭和 10）10.30	○	案内上は「なんば」と表記
大国町	11.7	M21	地下	1938（昭和 13）4.21	○	
動物園前	12.9	M22	地下	1938（昭和 13）4.21	○	
天王寺	13.9	M23	地下	1938（昭和 13）4.21	○	
昭和町	15.7	M24	地下	1951（昭和 26）12.20	○	
西田辺	17.0	M25	地下	1952（昭和 27）10.5	○	
長居	18.3	M26	地下	1960（昭和 35）7.1	○	
我孫子	19.5	M27	地下	1960（昭和 35）7.1	○	案内上は「あびこ」と表記
北花田	21.4	M28	地下	1987（昭和 62）4.18	○	
新金岡	23.0	M29	地下	1987（昭和 62）4.18	○	
中百舌鳥	24.5	M30	地下	1987（昭和 62）4.18	○	案内上は「なかもず」と表記

駅の開業日は御堂筋線の駅としての開業日

谷町線

概要

谷町線（2号線）は、大阪市営地下鉄として4番目に登場した路線である。大阪府守口市の大日駅から大阪府八尾市の八尾南駅までを結んでいる。

ラインカラーは、沿線に多数ある寺院・高僧が着用する袈裟の色に由来する京紫（紫、ロイヤルパープル）で、路線記号はTである。

最初に開業したのは、1967（昭和42）年3月24日。2号線として、東梅田駅～谷町四丁目駅間だったが、現在は大日駅～八尾南駅間28.3kmを結んでいる。

とても長い路線で、これは東京メトロ東西線に続いて4番目に長い。終点の八尾南駅付近のみ、地上区間である。（八尾南駅付近約200㍍。）それ以外は、全て地下トンネルで建設されており、地下区間の長さとしては、類を見ない長さだった。（現在は、都営大江戸線が最長。）

大阪市の中心部では、谷町筋の地下を走り、沿線に官庁や寺院が多い。

車両

現在は御堂筋線31系と同タイプの32系（30000系シリーズ）と、大阪市営地下鉄のスタンダート22系（20系2000形シリーズ）が、主力として運行されている。32系は30000系シリーズとして、谷町線に最初に導入された車両である。老朽化した30系を置き換える目的で導入された。御堂筋線31系に比べて、前面のラインの配置が直線的なものになっており、ラインカラーのロイヤルパープルを基調としている。

谷町線に限らず、大阪メトロの多くの路線に言えることだが、全駅に渡ってホームの有効長が実際使用されている編成に比べて長い。これは、将来を見越した延伸や、増結に伴う準備工事が行われたもので、谷町線にもさらに、大日駅から北方向に延伸する計画も存在していた。しかしながらいずれも、費用対効果の懸念から実現に至っておらず、白紙状態になっている。

歴史

1927（昭和2）年当初の計画では、松屋町筋を南北に通る路線だったが、御堂筋線（1号線）に近い場所を通ることになるため、谷町筋に変更となった。御堂

筋線とは、天王寺駅で接続することとなった。

1967（昭和42）年3月24日、谷町線の東梅田駅〜谷町四丁目駅間が開業。1968（昭和43）年12月17日に、谷町四丁目駅〜天王寺駅間が開業。1969（昭和44）年12月6日には、路線名称を「谷町線」に決定。1974（昭和49）年5月29日に、都島駅〜東梅田駅が開業、この時に試作車として、後に御堂筋線の主力車両となる10系が、試験運行を開始した。

1977（昭和52）年4月6日に、守口駅〜都島駅間が開業、1980（昭和55）年11月27日に、天王寺駅〜八尾南駅間が開業、1983（昭和58）年2月8日に、大日駅〜守口駅間が開業し、現在に至る。

なお、大阪メトロの路線としては御堂筋線に次いで輸送人員が多く、1日の平均利用客数は、50万人ほど。大阪市民の生活に、密着した路線と言えるだろう。

大阪市高速電気軌道・大阪メトロ●谷町線

駅名	営業キロ	ナンバリング	駅の構造	開業日	ホームドア	備考
大日	0.0	T11	地下	1983（昭和58）2.8	×	
守口	1.8	T12	地下	1977（昭和52）4.6	×	
太子橋今市	3.0	T13	地下	1977（昭和52）4.6	×	
千林大宮	4.0	T14	地下	1977（昭和52）4.6	×	
関目高殿	5.1	T15	地下	1977（昭和52）4.6	×	開業時は関目 1997（平成9）8.29 改称
野江内代	5.9	T16	地下	1977（昭和52）4.6	×	
都島	7.2	T17	地下	1974（昭和49）5.29	×	
天神橋筋六丁目	8.5	T18	地下	1974（昭和49）5.29	×	
中崎町	9.3	T19	地下	1974（昭和49）5.29	×	
東梅田	10.3	T20	地下	1967（昭和42）3.24	○	
南森町	11.5	T21	地下	1967（昭和42）3.24	×	
天満橋	13.3	T22	地下	1967（昭和42）3.24	×	
谷町四丁目	14.2	T23	地下	1967（昭和42）3.24	×	
谷町六丁目	15.2	T24	地下	1968（昭和43）12.17	×	
谷町九丁目	16.1	T25	地下	1968（昭和43）12.17	×	
四天王寺前夕陽ケ丘	16.9	T26	地下	1968（昭和43）12.17	×	開業時は四天王寺前 1997（平成9）8.29 改称
天王寺	17.8	T27	地下	1968（昭和43）12.17	×	
阿倍野	18.4	T28	地下	1980（昭和55）11.27	×	
文の里	19.5	T29	地下	1980（昭和55）11.27	×	
田辺	20.5	T30	地下	1980（昭和55）11.27	×	
駒川中野	21.5	T31	地下	1980（昭和55）11.27	×	
平野	23.2	T32	地下	1980（昭和55）11.27	×	
喜連瓜破	24.6	T33	地下	1980（昭和55）11.27	×	
出戸	25.9	T34	地下	1980（昭和55）11.27	×	
長原	27.1	T35	地下	1980（昭和55）11.27	×	
八尾南	28.3	T36	地上	1980（昭和55）11.27	×	

駅の開業日は御堂筋線の駅としての開業日
ホームドアの状況は2023年8月現在

四つ橋線

概要

　四つ橋線（3号線）は、大阪府大阪市北区の西梅田駅から同市住之江区の住之江公園駅までを結んでいる。ラインカラーは縹色（青、ビクトリアブルー）で、駅番号を表す際に用いられる路線記号はY。

　四つ橋線開業の由来は、当時輸送需要が逼迫していた御堂筋線（1号線）のバイパス的な役割を担うことから来ている。

　現在は西梅田駅〜住之江公園駅を結ぶ路線であり、他社線との相互直通運転は行われていない。大阪の地下鉄としては、御堂筋線に続いて2番目の地下鉄路線として、大国町駅〜花園町駅間が開業。

　四つ橋線と御堂筋線が乗り入れる大国町駅では、2面4線の地下駅となっており、四つ橋線を御堂筋線が挟み込む形でホームが形成され、同一方向での乗り換えが可能になっている（東京メトロの赤坂見附駅と同じ考え）。

　この形状を見ても四つ橋線は、御堂筋線の支線的な役割が強かったことがわかる。さらに西梅田駅〜大国町駅間では「御堂筋」の西側の通り、「四つ橋筋」の地下を通る。まさに御堂筋線の混雑緩和のために建設されていったが、あまり旅客流動に変化は起きなかったとされている。ラインカラーの青色は、御堂筋線の赤色に対して決まったものである。一説では、御堂筋線が大動脈、四つ橋線は静脈とされている。（海寄りを走っている意味もある）。

　なお、終点の住之江公園駅では新交通システム（AGT）のニュートラムとの連絡をとっており、中間改札はなく、そのまま乗り換えが可能になっている。

　ちなみにニュートラムも、大阪メトロで運営している路線であり、終点のコスモスクエア駅で、中央線とも乗り換えられ、こちらも改札無しでの乗り換えが可能である。

車両

　現在使用されているのは23系で、大阪市営地下鉄時代に製造された90年代の標準タイプの車両で、20系シリーズと呼ばれている（新20系とも呼ばれる）。ステンレス車体で、片側4扉を持つ構造で、第三軌条方式で集電を行う。

　前面が傾斜したお顔は、前照灯が中心部に集められ、尾灯が縁の部分に設置されている。全編成が6両編成で運行され

ており、現在四つ橋線は、この1形式のみで運行している。過去には、30系などの車両も運行されていた。

歴史

御堂筋線開業後、あまりの混雑に御堂筋線（当時の1号線）が走る隣の四つ橋筋に新線を建設しようと考えたのが始まりである。元々市電も走っていたため、その継承もあると思われる。

1942（昭和17）年5月10日に、大国町〜花園町駅間が3号線として開業。当時は1号線の支線扱いとして、たった1駅（1.3km）の区間を、単行の車両で運転を開始した。

1956（昭和31）年6月1日に、花園町駅〜岸里駅間が、1958（昭和33）年5月31日に岸里駅〜玉出駅間が開業。

四ツ橋線の20系シリーズ23系電車

1965（昭和40）年10月1日には、西梅田駅〜大国町駅間が開業し、1号線の支線から独立した。1969（昭和44）年には、路線名称として「四つ橋線」という名称が与えられた。

全線が開業したのは、1972（昭和47）年11月9日のこと。玉出〜住之江公園駅間が開業し、現在に至っている。

大阪市高速電気軌道・大阪メトロ●四つ橋線

駅名	営業キロ	ナンバリング	駅の構造	開業日	ホームドア	備考
西梅田	0.0	Y11	地下	1965（昭和40）10.1	○	
肥後橋	1.3	Y12	地下	1965（昭和40）10.1	×	
本町	2.2	Y13	地下	1965（昭和40）10.1	×	開業時は信濃橋　1969（昭和44）7.1改称
四ツ橋	3.2	Y14	地下	1965（昭和40）10.1	×	
難波	4.1	Y15	地下	1965（昭和40）10.1	×	開業時は難波元町　1970（昭和45）年3.11に難波駅に統合で改称　案内上は「なんば」と表示
大国町	5.3	Y16	地下	1942（昭和17）5.10	○	
花園町	6.6	Y17	地下	1942（昭和17）5.10	×	
岸里	7.7	Y18	地下	1956（昭和31）6.1	×	
玉出	9.0	Y19	地下	1958（昭和33）5.31	×	
北加賀谷	10.1	Y20	地下	1972（昭和47）11.9	×	
住之江公園	11.8	Y21	地下	1972（昭和47）11.9	×	

駅の開業日は四つ橋線の駅としての開業日
ホームドアの状況は2023年8月現在

中央線

概要

中央線（4号線）は、大阪府大阪市住之江区のコスモスクエア駅から大阪府東大阪市の長田駅までを結んでいる。ラインカラーは緑（スペクトリウムグリーン）で、大阪城公園の木々をイメージしている。路線記号はCである。

路線の由来は、中央大通の地下を走ることからで、御堂筋線が南北に路線を繋いでいるのに対して、中央線は東西に路線を敷いている。中心部では、他の大阪メトロの地下鉄路線と接続し、現在は長田駅～コスモスクエア駅を結んでいるが、長田駅からは近鉄けいはんな線と相互直通運転を行い、学研奈良登美ヶ丘駅まで足を延ばしている。同路線と併せて「ゆめはんな」の愛称が付いている。

中央線は、第三軌条方式による集電方式を採用しており、既存の他社線との相互直通運転はなかなか難しいと思われるが、近鉄けいはんな線は開業当初から、中央線に合わせて第三軌条方式で集電を行っている。

また反対側のコスモスクエア駅からは、新交通システム（AGT）のニュートラムとの接続を行っているため、コスモスクエア駅は下段に中央線、上段に

ニュートラムと、地下2段のホーム構造になっている。もちろん、両線とも同じ大阪メトロが運営をしているため、ノーラッチで乗り換えることが可能である。

また、ニュートラムの終点の住之江公園駅からは四つ橋線に乗り換えられる。1つの事業者のみで、中心部から湾岸地域を周回できるという、大阪メトロ独自のサービスと言っても良いだろう。

車両

開業当初は、両運転台車の6000形などを単行で運行していたが、その後時代と共に両数が増えてゆき、1984（昭和59）年11月5日からは、30系による6両編成の運行を開始した。アルミ車両とステンレス車両が存在していた。いずれも緑色の路線識別帯が入り、中央線のイメージを一新させた。

30系は当時の大阪市営地下鉄の代表的な形式で、第三軌条方式で集電する各路線に、集中的に導入された。ただ、御堂筋線などの主要路線に新形式車両が導入されると、中央線にも押し出された30系が転属することもあったようだ。

現在は、20系（20系シリーズではな

大阪市高速電気軌道・大阪メトロ●中央線

駅名	営業キロ	ナンバリング	駅の構造	開業日	ホームドア	備考
コスモスクエア	0.0	C10	地上	1997（平成 9）12.18	×	
大阪港	2.4	C11	地上	1961（昭和 36）12.11	×	
朝潮橋	3.9	C12	地上	1961（昭和 36）12.11	×	
弁天町	5.5	C13	地上	1961（昭和 36）12.11	×	
九条	6.8	C14	地上	1964（昭和 39）10.31	×	
阿波座	8.3	C15	地下	1964（昭和 39）10.31	×	
本町	9.4	C16	地下	1964（昭和 39）10.31	×	
堺筋本町	10.1	C17	地下	1969（昭和 44）12.6	×	
谷町四丁目	11.1	C18	地下	1967（昭和 42）9.30	×	
森ノ宮	12.4	C19	地下	1967（昭和 42）9.30	×	
緑橋	13.6	C20	地下	1968（昭和 43）7.29	×	
深江橋	14.7	C21	地下	1968（昭和 43）7.29	×	
高井田	16.1	C22	地下	1985（昭和 60）4.5	×	
長田	17.9	C23	地下	1985（昭和 60）4.5	×	

駅の開業日は中央線の駅としての開業日　　ホームドアの状況は 2023 年 8 月現在

い）、24 系（20 系シリーズ）、大阪メトロのスタンダートとも言える 30000A 系（30000 系シリーズ）が運行されている。また、2023（令和 5）年 6 月 25 日より、400 系が運行を開始した。民営化になって初の新設計車両である。その宇宙船を思わせる外観は、今までの鉄道車両にはなかった大胆なものであり、デザインは奥山清行氏が担当した。

　車内は主にロングシートだが、1 編成あたり 1 両クロスシート車両を連結。先頭車にはカウンターが設置されており、モバイル用電源スタンドも備わっている。

歴史

　1961（昭和 36）年 12 月 11 日に、4 号線として大阪港駅〜弁天町駅間が開業。この開業では、全線が高架線での運行となったため、車両はクレーン車を使って搬入された。

　1964（昭和 39）10 月 31 日、弁天町駅〜本町駅間が開業。1967（昭和 42）年

9 月 30 日には、谷町四丁目駅〜森ノ宮駅間が開業。すでに営業している大阪港駅〜本町駅間とは、本町駅〜谷町四丁目駅が未開業で接続されていなかったことから、4 号線は東西に分かれて運行されていた。

　続いて 1968（昭和 43）年 7 月 29 日に、森ノ宮駅〜深江橋駅間が開業。翌年の 1969（昭和 44）年 12 月 6 日には、本町駅〜谷町四丁目駅間が開業。東西に分かれていた 4 号線が 1 系統で運行されることになり、路線名称も「中央線」と呼ばれるようになった。

　その後も 1985（昭和 60）年 4 月 5 日に深江橋駅〜長田駅間が開業し、その翌年の秋（10 月 1 日）から近鉄線との相互直通運転を開始した。当時の長田駅〜生駒駅間は近鉄東大阪線と呼ばれていた。また、現在中央線の大阪港駅〜コスモスクエア駅間は大阪港トランスポートシステムが運行するテクノポート線として、1997（平成 9）年 12 月 18 日に開業したが、2005（平成 17）年 7 月 1 日に中央線に編入され、現在に至る。

千日前線

概要

　千日前線（5号線）は、大阪府大阪市福島区の野田阪神駅から同市生野区の南巽駅までを結んでいる。ラインカラーは、紅梅色（ピンク、チェリーローズ）で、路線記号はSである。

　戦後の計画変更で新設された地下鉄路線で、1969（昭和44）年4月16日に5号線として、野田阪神駅～桜川駅間が最初に開業した。当時最新技術であった保安システム、列車集中制御装置の「CTC」と、車内信号付きの列車自動制御装置「CS-ATC」を装備して登場した。

　現在は野田阪神駅～南巽駅間で運行され、全線が地下駅である。また、他社線との相互直通運転を行っていない路線である。しかし、南巽駅～新深江駅間を除く全ての駅は、他線との乗り換え駅となっており、利便性は十分にある。

車両

　最初の開業当初は、他線からの転属車両を改造して運行することが多かったが、現在は千日前線用として新製導入された25系（20系シリーズ）を4両編成

で運行している。

　2018（平成30）年10月27日に、大阪メトロになって初のイベントとして、千日前線を舞台にした「ハロウィン・ホラートレイン」を運行した。列車内やホームなどで、ゾンビに扮した人々の演出が好評で、このイベント時には野田阪神駅の駅標も、血みどろに仮装される。運行中の地下鉄路線で、これほどまでに大規模なイベントが行われることは珍しい。

　千日前線は東海道新幹線、名古屋市営地下鉄に続いて、CS-ATC車内信号付きの列車自動制御装置を採用し、全車両に搭載している。ちなみに路線識別帯のピンク色は、難波新地や千日前のネオンサインをイメージしたもの。近代人口物をカラーリングに採用するのは珍しい事例であろう。

歴史

　元々は4号線（現在の中央線）が分離して、東西方向の幹線路線としての計画もあったそうだが、最初に開業したのは、1969（昭和44）年4月16日、野田阪神駅～桜川駅間。部分開業で運行を開始し、この年の7月25日に谷町九丁目駅～今

里駅間、9月10日に今里駅～新深江駅間と立て続けに開業した。

　翌年の1970（昭和45）年3月11日にも谷町九丁目駅～桜川駅間が開業し、これまで2両編成で運行されていた列車を、4両編成に増結。

　現在の野田阪神駅～南巽駅間で運行されるようになったのは、1981（昭和56）年12月2日で、臨時列車の運行がない限り、全列車が野田阪神駅～南巽駅間の通し運転を行っている。

　なお、南巽駅までの開業で全線開通としているが、近鉄線の弥刀駅方面に延伸する計画があり、延伸によって増結が予想されるためか、ホームの有効長は実際の4両分に対して8両分もある。ただし、現在は固定式の安全柵を設置しているので、当面は使用される予定はないものと考えられる。

千日前線の25系

千日前線の野田阪神駅ホーム

大阪市高速電気軌道・大阪メトロ●千日前線

駅名	営業キロ	ナンバリング	駅の構造	開業日	ホームドア	備考
野田阪神	0.0	S11	地下	1969（昭和44）4.16	○	
玉川	0.6	S12	地下	1969（昭和44）4.16	○	
阿波座	1.9	S13	地下	1969（昭和44）4.16	○	
西長堀	2.9	S14	地下	1969（昭和44）4.16	○	
桜川	3.8	S15	地下	1969（昭和44）4.16	○	
難波	4.9	S16	地下	1970（昭和45）3.11	○	案内上は「なんば」と表記
日本橋	5.6	S17	地下	1970（昭和45）3.11	○	
谷町九丁目	6.6	S18	地下	1969（昭和44）7.25	○	
鶴橋	7.7	S19	地下	1969（昭和44）7.25	○	
今里	9.2	S20	地下	1969（昭和44）7.25	○	
新深江	10.1	S21	地下	1969（昭和44）9.10	○	
小路	11.1	S22	地下	1981（昭和56）12.2	○	
北巽	12.0	S23	地下	1981（昭和56）12.2	○	
南巽	13.1	S24	地下	1981（昭和56）12.2	○	

駅の開業日は千日前線の駅としての開業日

堺筋線

概要

　堺筋線（6号線）は、大阪府大阪市北区の天神橋筋六丁目駅から同市西成区の天下茶屋駅までを結んでいる。天神橋筋六丁目駅からは、阪急電鉄千里線・京都本線に、それぞれ相互直通運転を行っている。

　ラインカラーは、相互直通運転を行っている阪急京都線と千里線に合わせて、阪急電鉄の車体色に近い茶色（ビビッドブラウン）を採用している。路線記号はKで、路線の愛称は、堺筋の地下を走ることに由来している。

　なお、堺筋線は阪急線との相互直通運転の関係から、鉄輪式リニア地下鉄を除くと、架空電車線方式で直流1500Vでの集電を行なっており、大阪メトロの路線としては、唯一の集電方式になっている。

車両

　1969（昭和44）年の開業当初は、アルミ合金車体の60系が運用され、車体長は阪急の車両に合わせて、18.9mとなっている。当時の大阪市営としては、従来製造している30系シリーズを参考に設計し直したと思われ、側面形状を観察すると、よく似ているのがわかる。

前面形状は、貫通扉を正面に置きシンプルだが、前照灯が上部にまとめられ、スッキリしている。当初は前面窓下部が赤く塗られ、「警戒色」を兼ねていたが、その後ラインカラーである茶色に変更された。

　60系は5両編成で運転していたが、6両に増強され、最終的に8両編成で運転された。1990（平成2）年からは、冷房装置を備えた66系が登場。オールステンレス車体にボルスタレス台車を履いたVVVFインバーター制御装置搭載、新しい堺筋線の主力車両として活躍している。

　2003（平成15）年には、老朽化した60系を全て置き換え、現在は堺筋線の車両は全て、66系に統一されている。

　一方、阪急電鉄から直通してくる車両は、最新の1300系から旧型の3300系で、バラエティーに富んでいる。

歴史

　堺筋線開業の経緯は、1962（昭和37）年の都市交通審議会答申で、緊急に1号線（現・御堂筋線）の混雑緩和に関する

対策が打ち出され、そのうち天神橋～天下茶屋間を盛り込んだ計画が挙がったのが始まりである。

その後、陸運局の裁定により、大阪市が建設を行い、阪急と相互直通運転を行う形で計画が進められることになった。1966（昭和41）年4月から南森町駅～恵美須町駅間が着工し、残りの区間も順次着工していった。

堺筋線が主に走る堺筋は交通量が多いために、開削工法以外にも、当時としては最新技術のシールド工法や沈埋工法なども採用し、急ピッチに進めた結果、1969（昭和44）年12月6日、天神橋筋六丁目駅～動物園前駅間が開業し、天神橋筋六丁目駅からは、阪急電鉄との相互直通運転が開始された。

元々堺筋への乗り入れを画策していたのは、阪急電鉄と南海電鉄で、最終的に大阪市が地下鉄として建設し、阪急が乗り入れる形で決着した。理由は、吹田市で万国博覧会が開催されることが決まっており、そのためもあったそうだ。

阪急側は途中、淡路駅において、北千里駅方面の北千里線と高槻市駅方面の京都線へ、2系統に分かれて運転している。千里線においては万国博開催期間中において、万国博西口駅が限定で設置され、臨時列車として「エキスポ準急」も運行された。堺筋線の60系も臨時列車に該当され、ヘッドマークを取り付けて運行した。

1993（平成5）年の3月4日には、動物園前駅～天下茶屋駅間が開業し、現在の形になった。なお、南海電鉄とは南海新今宮と動物園前駅で徒歩連絡し、天下茶屋駅でも連絡している。

堺筋線は、全線の距離が8.1kmほどとなっており、大阪メトロの中では最短の路線である。しかしながら、阪急電鉄への直通運転においては京都市内まで伸びており、需要が高い路線と言える。

大阪市高速電気軌道・大阪メトロ●堺筋線

駅名	営業キロ	ナンバリング	駅の構造	開業日	ホームドア	備考
天神橋筋六丁目	0.0	K11	地下	1969（昭和44）12.6	○	
扇町	0.7	K12	地下	1969（昭和44）12.6	○	
南森町	1.3	K13	地下	1969（昭和44）12.6	○	
北浜	2.1	K14	地下	1969（昭和44）12.6	○	
堺筋本町	3.0	K15	地下	1969（昭和44）12.6	○	
長堀橋	4.0	K16	地下	1969（昭和44）12.6	○	
日本橋	4.9	K17	地下	1969（昭和44）12.6	○	
恵美須町	5.9	K18	地下	1969（昭和44）12.6	○	
動物園前	6.6	K19	地下	1969（昭和44）12.6	○	
天下茶屋	8.1	K20	地下	1993（平成5）3.4	○	

駅の開業日は堺筋線の駅としての開業日

長堀鶴見緑地線

概要

　長堀鶴見緑地線（7号線）は、大阪府大阪市大正区の大正駅から大阪府門真市の門真南駅までを結んでいる。ラインカラーは萌黄色（黄緑、スプリンググリーン）で、路線記号はNである。

　1990（平成2）年3月20日、京橋駅〜鶴見緑地駅間が開業。日本で初めての鉄輪式リニア地下鉄として営業を開始した。

　東京の大江戸線や福岡の七隈線などの元祖とも言えるシステムは、ここ大阪の地下鉄から始まったのだ。最先端の地下鉄がこの時期に開業したのは、1990（平成2）年に開催された「国際花と緑の博覧会」（花博）のアクセス路線としての目的があったからだ。

　また花博終了後の需要低下も考慮し、従来の大阪市営地下鉄の路線よりも掘削断面が約60%に縮小でき、建設費用も抑えられることから、このようなミニ地下鉄がふさわしいと判断された。

　現在は、大正駅〜門真南駅を結ぶ路線で、4両編成の小型車両が運行している。なお、京セラドーム大阪で、イベントや試合が行われる場合は、多客による混雑が予想されるため、臨時列車の運行を行うことがある。

　運転はATO自動列車運転装置による自動運転が行われており、運転士が車掌業務を兼務するワンマン方式で運行されている。

車両

　長堀鶴見緑地線用として導入された70系は、我が国で初めての鉄輪式リニアモーターが採用された営業用車両である。車体はアルミ合金製で、アイボリーホワイトに塗装されている。他の大阪メトロの路線に使用する車両の中でも、1番小型なサイズであり、15.8m（中間車は15.6m）、高さは3mちょっとしかない。そのため、車内の空間をある程度確保する必要があるので、天井に向かって側面が傾斜している。

　4両編成で運行されているが、将来的に8両編成まで増結できるシステムが成されている。なお、リニアモーターは台車枠に装架された形で取り付けられており、軌道上のアクションプレートに反応して作用している。

歴史

1990（平成 2）年 3 月 20 日、京橋駅〜鶴見緑地駅間が開業。当初は「鶴見緑地線」として運行を開始したが、1996（平成 8）年に京橋駅〜心斎橋駅間が開業し、その際に「長堀鶴見緑地線」と、路線名が変更になった。

翌年の 1997（平成 9）年 8 月 29 日には、心斎橋駅〜大正駅間、鶴見緑地駅〜門真南駅間がそれぞれ開業し、現在の路線形態となった。また 2019（平成 31）年 3 月からは、今里筋線にてダイヤが削減されたため、同線用の 80 系車両を 1 編成、長堀鶴見緑地線に転用した。2018（平成 30）年 4 月 1 日より民営化になっ

た「大阪メトロ」をアピールするために、同社のシンボルマークやロゴをあしらったラッピングを施し運用されている。

今後は大正駅より南側に延伸し、鶴町まで伸びる計画があるが、今のところ進展は見えていない。

長堀鶴見緑地線の 70 系電車

大阪市高速電気軌道・大阪メトロ●長堀鶴見緑地線

駅名	営業キロ	ナンバリング	駅の構造	開業日	ホームドア	備考
大正	0.0	N11	地下	1997（平成 9）8.29	○	
ドーム前千代崎	0.6	N12	地下	1997（平成 9）8.29	○	開業時は大阪ドーム前千代崎 2006（平成18）12.24 改称
西長堀	1.6	N13	地下	1997（平成 9）8.29	○	
西大橋	2.2	N14	地下	1997（平成 9）8.29	○	
心斎橋	2.7	N15	地下	1996（平成 8）12.11	○	
長堀橋	3.4	N16	地下	1996（平成 8）12.11	○	
松屋町	4.0	N17	地下	1996（平成 8）12.11	○	
谷町六丁目	4.4	N18	地下	1996（平成 8）12.11	○	
玉造	5.7	N19	地下	1996（平成 8）12.11	○	
森ノ宮	6.7	N20	地下	1996（平成 8）12.11	○	
大阪ビジネスパーク	7.8	N21	地下	1996（平成 8）12.11	○	
京橋	8.5	N22	地下	1990（平成 2）3.20	○	
蒲生四丁目	10.2	N23	地下	1990（平成 2）3.20	○	
今福鶴見	11.4	N24	地下	1990（平成 2）3.20	○	
横堤	12.5	N25	地下	1990（平成 2）3.20	○	
鶴見緑地	13.7	N26	地下	1990（平成 2）3.20	○	
門真南	15.0	N27	地下	1997（平成 9）8.29	○	

駅の開業日は長堀鶴見緑地線の駅としての開業日

今里筋線

概要

　今里筋線（8号線）は、大阪府大阪市東淀川区の井高野駅から東成区の今里駅までを結んでいる。大阪メトロの中では一番新しい路線で、長堀鶴見緑地線と同様に、鉄輪式リニア地下鉄での運行をしている。ラインカラーは柑子色（ゴールデンオレンジ）で、路線記号はI。

　2006（平成18）年12月24日に、井高野駅〜今里駅間が開業したのが始まりで、今後は、計画当初から予定している今里駅から湯里六丁目駅までの延伸計画

がある。

　しかし、大阪市の事業費負担が大きく、なかなか計画実施が進まない状況にあり、現状でも、大阪メトロ全線の中で、1番輸送人員が低いのが課題である。（1日の平均利用客数は、7万人弱。）

車両

　今里筋線で使用されている80系は、長堀鶴見緑地線で使用されている70系を基本ベースとして、コストダウンによる仕様変更を行った。

リニア地下鉄の今里筋線80系

車体はアルミ合金製で、クリームベースに路線識別色である柑子色（ゴールデンオレンジ）のラインが入る。またATOによる自動運転は行っていないが、代わりにTASC「定位置停止装置」が搭載され、ブレーキのみ自動で行われる。

70系同様に小型車両である。70系は、居住空間を広く取るために、天井ギリギリまでドアが伸びている。さらに70系のドアは「く」の字に折れ曲がっており、扉に使用している窓ガラスも曲面ガラスだが、80系のドア部分のガラスは平面である。

歴史

今里筋線の沿線は、かつてトロリーバスが運行されており、中心部を走る路面電車と連携して、輸送を担っていた。モータリゼーションの波に押され、トロリーバスは廃止。その後は、通常の路線バスを運行していたが、渋滞が慢性化し、地元は地下鉄の建設を望んでいた。

1989（平成元）年の運輸政策審議会第10号の答申では、上新庄〜湯里六丁目間が、今後検討すべき路線として掲げられ、その後住宅事情の需要によって、起点を上新庄から井高野に変更。2000（平成12）年に、井高野駅〜今里駅間を着工した。約6年の工期を経て、2006（平成18）年12月24日に同区間が開業した。なお、今里筋線は、今後の延伸部分の需要調査を兼ねて、今里駅と、延伸を予定しているエリア、あべの橋、地下鉄長居を結ぶ路線バス「いまざとライナー」を運行している。

運行そのものは、大阪メトロの子会社である大阪シティバスが受け持っており、社会実験名目で行われている。

大阪市高速電気軌道・大阪メトロ●今里筋線

駅名	営業キロ	ナンバリング	駅の構造	開業日	ホームドア	備考
井高野	0.0	I11	地下	2006（平成18）12.24	○	
瑞光四丁目	0.9	I12	地下	2006（平成18）12.24	○	
だいどう豊里	1.9	I13	地下	2006（平成18）12.24	○	
太子橋今市	3.7	I14	地下	2006（平成18）12.24	○	
清水	4.9	I15	地下	2006（平成18）12.24	○	
新森古市	5.8	I16	地下	2006（平成18）12.24	○	
関目成育	7.1	I17	地下	2006（平成18）12.24	○	
蒲生四丁目	8.5	I18	地下	2006（平成18）12.24	○	
鴫野	9.4	I19	地下	2006（平成18）12.24	○	
緑橋	10.6	I20	地下	2006（平成18）12.24	○	
今里	11.9	I21	地下	2006（平成18）12.24	○	

駅の開業日は今里筋の駅としての開業日

思い出の車両

⓫大阪市営地下鉄 60 系
堺筋線と阪急電鉄相互直通乗り入れ用に製造した車両で、
大阪市営地下鉄初の架空線方式となった。
2003（平成 15）年に営業運転を終了した。

⓬大阪市営地下鉄 30 系
30 系は 1967（昭和 42）年に登場した 7000・8000 形をルーツとし、
北大阪急行からの編入車、新 30 系の追加投入などで 363 両が誕生した。
第三軌条の 5 路線で活躍し、2013（平成 25）年に引退した。

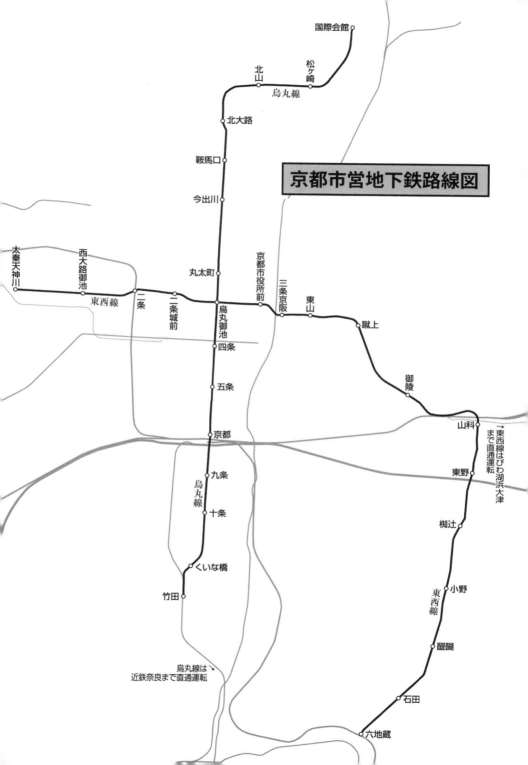

京都市営地下鉄路線図

烏丸線

概要

　京都市営地下鉄烏丸線は、京都府京都市左京区の国際会館駅から同市伏見区の竹田駅までを結んでいる。ラインカラーは緑で、路線記号は K である。

　京都の地下鉄の始まりは、京都市電に代わる新たな根幹輸送機関として検討され、1974（昭和 49）年に烏丸線の建設工事を開始。京都という土地柄、埋蔵文化財発掘調査では歴史的に貴重な文化財や遺跡が多く出土した。

　出土した文化財の一部は、御池（現・烏丸御池）駅構内に設置した特設ギャラリーで、2012（平成 24）年 3 月 29 日まで展示されていた。起工開始から 6 年 6 ヶ月の期間を経て、1981（昭和 56）年 5 月 29 日に北大路駅～京都駅間が開業した。また、1988（昭和 63）年 6 月 11 日には、京都駅から南方の竹田駅まで延伸開業している。

　開業当時導入されたのは、10 系車両。当初から近畿日本鉄道（以降、近鉄）との直通運転を予定しており、軌間は 1435mm で 20m 級の車体を持つ。外観のデザインは、当時流行だった営団（現在の東京メトロ）千代田線用の 6000 系に似たデザインだ。前面が「く」の字に傾斜しており、非常貫通扉を正面から見て左側にオフセットし、運転台からの視野を広くとったスタイルで、ラインカラーのグリーンを纏（まと）っている。

　現在は、国際会館駅～竹田駅まで、南北に運行する路線として、さらに竹田駅からは近鉄京都線との相互直通運転を行っており、遠方は近鉄奈良線の近鉄奈良駅まで運転されている。車両基地は竹田駅が最寄りとなっており、入出庫も同駅を起点に行われる。

　基本的に通し運転で、途中折り返し列車の設定はされていないが、近鉄線に直通する列車に関しては、日中概ね 30 分おきに新田辺行が運行され、朝夕のラッシュ時間帯と土休日には、近鉄奈良駅まで運行される急行が存在する。ちなみにこの急行には、京都市営地下鉄の車両も該当される場合があり、京都市営の車両が奈良県まで乗り入れるのは興味深い。

　日本有数の観光地という立地から、地下鉄を観光で利用する外国人も多く、1 日乗車券の柄も豊富で、駅には専用の 1 日乗車券カード自販機の設置もある。ちなみに地下鉄のみが 800 円、京都市営バス、京都バス、京阪バス、西日本 JR バ

スとのセット券は販売価格1,100円と割
安だ。また、通学定期券も販売されてい
るが、通学する学校の種類によって分か
れており、「甲」が大学生、「乙」が高等
学校と中学校、「丙」が小学校と幼稚園
で区分される。

　2004（平成16）年に近畿地方交通審
議会答申が出され、延伸計画案（竹田駅
以南）が記載されているが、具体化には
至っていない。2022（令和4）年より、
10系の置き換えとして20系の運行が始
まった。

車両

　開業当時から40年以上にわたって、
現在も主力として運行している10系。
アルミ製の片側4扉、20ｍ級の車体で、
JRの在来線通勤車両とほぼ同等の規格だ
が、近鉄との相互直通運転を考慮して、
軌間は1435㎜である。

　デザインは、アルミ地肌にラインカ
ラーである緑の帯を巻く。前面がくの字
に傾斜し、非常扉をオフセットした運転
室窓を大きくとるスタイルは、地下鉄車
両の代名詞と言えるだろう。

10系置き換え用に登場した20系

1981（昭和56）年に電機子チョッパ装置を搭載した初期車が製造され、1988（昭和63）年以降に製造された3次車からは、車体形状が変更された。特に前面は、前面の縁取り部分が丸くなり、非常扉部分にも窓が追加され、全体的にスタイリッシュな印象になっている。

開業当時は4両編成で運行されたが、最終的には6両編成20本が製造され、最終増備は1997（平成9）年に製造された6次車で、車椅子スペースの設置数を増やすなど、バリアフリー設備が備わっていた。2014（平成26）年から3次車以降の制御装置をVVVFインバーター制御に置き換え、2017（平成29）年に方向幕などの案内表示器も新設や更新が行われた。

今後は新型車両の置き換えが進むが、比較的若い車歴の10系も在籍しているため、活躍はまだ続くと思われる。ちなみに烏丸線内の営業最高速度は75km/hだが、近鉄線内で急行運用に入る時は105km/hで運転される。

2022（令和4）年に導入したのは20系で、10系車両の初期車両を置き換える目的で、今後も増備が続く予定である。20系は10系のラインカラーや、その面影を継承しつつも、「近未来的なイメージ」を持たせている。最終的なデザイン決定に関しては、京都市民や利用者の投票によって決定し、内装も京都らしく「華やかで雅なカラーデザイン」とした。

アルミ製の車体で、制御装置はVVVFインバーター制御装置を採用。バリアフリー機能をさらに向上させるために、床面を初期車よりも60mm下げ、扉下部の形状をホーム側に傾斜させることで、車椅子やベビーカー利用などに配慮した設計になっている。

今後は6両編成9本導入される予定である。その他、近鉄からは3220系と3200系が直通運転している。全塗装仕様ながら、近鉄で本格的にアルミ合金製車体を採用した初めての系列である。京都市営の車両と共に、国際会館駅〜近鉄奈良駅間を運行している。

歴史

京都市営の歴史は、元々は1912（明治45）年の市電運転開始から始まっており、その後乗合バス事業も開始するなど、長年に渡り、京都市民とそこに訪れる旅行者などにとって、重要な公共交通機関として機能していた。

高度成長期が落ち着いた昭和40年代後半に入ると、モータリゼーション時代に突入し、人口のドーナツ化現象や都市化により、市電の利用者が激減。市電の路線廃止が相次ぎ、ついには1978（昭和53）年10月、最後の市電系統が廃止になった。

概要でも記したが、京都市内の地下鉄は、京都市電に代わる公共交通として検討された。1968（昭和43）年11月、京都市の交通対策協議会が答申した中で、

地下鉄の建設計画が持ち上がり、1972（昭和47）年10月24日には地方鉄道事業の事業免許が交付され、1974（昭和49）年に建設を開始した。1981（昭和56）年5月29日に、京都市営地下鉄初の営業区間である烏丸線の北大路駅～京都駅間が開業した。

その後延伸が進み、1988（昭和63）年6月11日には、京都駅から南方の竹田駅まで開業。同年8月28日からは、近畿日本鉄道との相互直通運転が始まり、烏丸線は近鉄京都線の新田辺駅まで乗り入れた。1990（平成2）年10月24日には北山駅～北大路駅間が開業。1997（平成9）年6月3日には北山駅～国際会館駅まで開業し、現在と同じ国際会館駅～竹田駅間で近鉄との相互乗り入れ直通運転が始まる。

その後は、2000（平成12）年3月15日に近鉄奈良線の近鉄奈良駅まで延長され、同時に近鉄線内での急行列車の運行も開始。烏丸線は当初4両編成で運行したが、1988（昭和63）年の竹田駅延伸開業時に、6両編成化された。

ちなみに各駅のホームは、増結を念頭に置いて建設されたため、8両編成まで対応できるように長く作られている。

輸送人員はコロナ禍を除けば増加傾向にあり、さらに増結する可能性もある。

京都市営地下鉄●烏丸線

駅名	営業キロ	ナンバリング	駅の構造	開業日	ホームドア	備考
国際会館	0.0	K01	地下	1997（平成9）6.3	×	
松ヶ崎	1.6	K02	地下	1997（平成9）6.3	×	
北山	2.6	K03	地下	1990（平成2）10.24	×	
北大路	3.8	K04	地下	1981（昭和56）5.29	○	
鞍馬口	4.6	K05	地下	1981（昭和56）5.29	×	
今出川	5.4	K06	地下	1981（昭和56）5.29	×	
丸太町	6.9	K07	地下	1981（昭和56）5.29	×	
烏丸御池	7.6	K08	地下	1981（昭和56）5.29	○	開業時は御池　1997（平成9）5.22改称
四条	8.5	K09	地下	1981（昭和56）5.29	○	
五条	9.3	K10	地下	1981（昭和56）5.29	×	
京都	10.3	K11	地下	1981（昭和56）5.29	○	
九条	11.1	K12	地下	1888（昭和63）6.11	×	
十条	11.8	K13	地下	1888（昭和63）6.11	×	
くいな橋	13.0	K14	地下	1888（昭和63）6.11	×	
竹田	13.7	K15	地上	1888（昭和63）6.11	×	

駅の開業日は烏丸線の駅としての開業日
＊ホームドアの種別は可動式ホーム柵　2023年7月1日現在

東西線

概要

　京都市で2番目に建設された地下鉄の東西線は、京都府宇治市の六地蔵駅から、京都市右京区の太秦天神川駅までを結んでいる。ラインカラーは朱で、路線記号はTである。

　1997（平成9）年10月12日に醍醐駅〜二条駅間が開業し、京阪京津線も浜大津（現・びわ湖浜大津）駅から御陵駅を経由して、京都市役所前駅まで乗り入れを開始した。

　建設費コストを抑えるため、トンネルや設備を小さくした「ミニ地下鉄」という部類に入る。各駅はフルスクリーンタイプのホームドア（東京メトロ南北線と同様のタイプ）を使用しており、ホームから軌道内に転落することは基本的にあり得ない。

　計画として西京区や長岡京市方面への延伸も検討されていたが、京都市の財政も逼迫しているため、延伸計画に進展はない。

車両

　開業当時に導入された50系は、ミニ地下鉄の規格に合わせ、16ｍ級の片側3扉ステンレス製車体の6両編成で、ATO自動列車運転装置を使用してワンマン運転を行なっている。

　腰部にラインカラーの朱色と赤紫の帯を巻いている。車両デザインにあたっては、「未来をイメージする新鮮さ」（未来志向）、お客様に対する親しみやすさ（市民指向）、新しいシンボルとなる車両（シンボル性）をデザインコンセプトとして、製造された。

　烏丸線の10系に比べて、曲線部が多く全体的に丸みを帯びたデザインで、運転席の窓も曲線ガラスを採用しており、視認性が高い。前照灯と尾灯は腰部よりも下部に設置されている。

　普段はATO自動列車運転装置によるワンマン運転を行なっており、運転席にホーム上の様子を確認できるモニターを搭載し、車両機器を監視できるモニターも設置されている。

　京阪京津線から乗り入れてくる京阪電気鉄道の車両は、太秦天神川駅まで運行するが、50系は京阪京津線に乗り入れることはない「片乗り入れ」状態である。そのため、車両全体の姿を見るのが難しく、ホームドアを挟んで眺める形だ。現

在、6両編成17本が活躍している。

　京阪京津線から直通してくる800系は、東西線直通用として1997（平成9）年に導入された車両で、東西線の車両規格に準じた設計である。異なる点は、4両編成で運行され、車体は普通鋼体を使用していることだ。終点の浜大津（現・のびわ湖浜大津）駅付近の併用軌道を通過する際に、他の交通（自動車など）との接触事故による、車両補修を容易にするための採用である。

歴史

　東西線は京都市東部・西部地域の開発、二条 山科等、市内の再開発に伴い発生する輸送需要 及び既設相互の輸送需要に対応するとともに、京都都心部において東西方向の幹線軸を形成 するための路線として、中量規模の輸送力を持つ 地下鉄として整備することとなった。決定したルート上には京阪京津線（御陵駅〜三条駅）が重なり、この部分をどうしていく

東西線50系（写真提供：京都市交通局）

か検討した結果、京阪京津線が地下鉄に乗り入れる形で、当該地上区間を廃止することになった。

　1989（平成元）年から工事を開始して、予定では1994年度の開業を目標に建設を続けていたが、建設工事は困難を余儀なくされた。その土地柄、歴史的文化財が埋蔵していることが多く、地上から掘削していく開削工法では、工事前に調査が欠かせず、文化財が出土した際には長期に渡る詳細な調査や、保存方法についての協議が必要となるなど費用と時間がかかった。

　そんな時間と労力がかかった東西線は、1997（平成9）年10月12日に醍醐駅〜二条駅間が開業し、同時に京阪京津線からも直通運転を開始した。

　京津線の電車は、御陵駅から東西線に乗り入れることになったが、折り返しは三条京阪駅ではなく、京都市役所前駅で行うこととした。理由としては、鴨川や京阪本線の下という地下空間に十分な折り返しスペースを確保できなかったことや、カーブする軌道形状が折り返し場所として適当でなかったことなどが挙げられる。

　また、当時の東西線の終端駅であった二条駅での折り返しも検討したが、車両への電力供給が不足する可能性があったことから、実現しなかった。

　次に開業したのは2004（平成16）年11月26日に醍醐駅〜六地蔵駅間。その後2008（平成20）年1月16日に、二条駅〜太秦天神川駅間が開業。この時点から京阪京津線の800系も太秦天神川駅まで乗り入れることとなった。

京都市営地下鉄●東西線

駅名	営業キロ	ナンバリング	駅の構造	開業日	ホームドア	備考
六地蔵	0.0	T01	地下	2004（平成16）11.26	○	
石田	1.1	T02	地下	2004（平成16）11.26	○	
醍醐	2.4	T03	地下	1997（平成9）10.12	○	
小野	3.6	T04	地下	1997（平成9）10.12	○	
椥辻	4.9	T05	地下	1997（平成9）10.12	○	
東野	5.9	T06	地下	1997（平成9）10.12	○	
山科	7.0	T07	地下	1997（平成9）10.12	○	
御陵	8.7	T08	地下	1997（平成9）10.12	○	
蹴上	10.5	T09	地下	1997（平成9）10.12	○	
東山	11.5	T10	地下	1997（平成9）10.12	○	
三条京阪	12.1	T11	地下	1997（平成9）10.12	○	
京都市役所前	12.6	T12	地下	1997（平成9）10.12	○	
烏丸御池	13.5	T13	地下	1997（平成9）10.12	○	
二条城前	14.3	T14	地下	1997（平成9）10.12	○	
二条	15.1	T15	地下	1997（平成9）10.12	○	
西大路御池	16.2	T16	地下	2008（平成20）1.16	○	
太秦天神川	17.5	T17	地下	2008（平成20）1.16	○	

駅の開業日は東西線の駅としての開業日

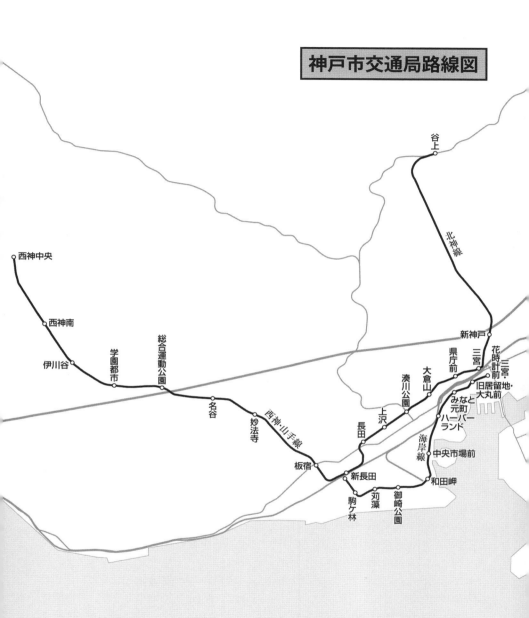

神戸市交通局路線図

谷上

北神線

西神中央

西神南

伊川谷

学園都市

総合運動公園

名谷

妙法寺

西神・山手線

板宿

新長田

駒ケ林

苅藻

御崎公園

長田

上沢

湊川公園

大倉山

県庁前

新神戸

三宮

花時計前

三宮・花時計前

旧居留地・大丸前

みなと元町

ハーバーランド

海岸線

中央市場前

和田岬

西神（西神延伸線）・山手線、北神線

概要

西神（西神延伸線を含む）・山手線は、兵庫県神戸市中央区の新神戸駅から同市西区の西神中央駅までを結んでいる。ラインカラーはグリーン。また、直通運転している北神線は、兵庫県神戸市中央区の新神戸駅から同市北区の谷上駅までを結んでおり、ラインカラーは茶色である。路線記号は西神・山手線と一体化され、Ｓとなっている。西神・山手線の駅は、緑地に白抜きのＳマークで、北神線は、白地に緑のＳマークで表現されている。

最初に開業したのは、1977（昭和52）年3月13日の名谷駅～新長田駅間。西神・山手線は西神延伸線（名谷駅～西神中央駅）、西神線（名谷駅～新長田駅）、山手線（新長田駅～新神戸駅）の3つが合わさった路線で、名谷駅～新長田駅間は、西神線の区間に当たる。現在は直通先の北神線が、北神急行電鉄から神戸市営地下鉄に編入されたことにより、実質4路線の直通運転が行われている。

西神・山手線は西神中央駅～名谷駅～新長田駅～三宮駅を経由し、新神戸駅に至る路線である。沿線は新市街地と旧市街地があり、路線はその2つの地区を結ぶ形で形成されている。

新神戸駅～谷上駅間は北神急行電鉄として建設された。通称、北神は阪急電鉄と神戸電鉄の出資で作られた法人で、北神線の運行と管理を行っていたが、2020（令和2）年より公営化（神戸市営地下鉄に譲渡）され、神戸市営地下鉄北神線となった。

理由は沿線開発によって人口を増やしていくため、「北神線の運賃の値下げを行いたい。」というもの。北神線は西神・山手線と一体となることで、神戸市営地下鉄の一部となり、運賃形態の一元化を実現した。

運行自体は、元々開業時から西神中央駅～谷上駅までとなっており、運行距離は西神・山手線（西神中央駅～新神戸駅間）が22.7km。北神線（新神戸駅～谷上駅間）は7.5kmと合わせて30.2kmになり、地下鉄路線としては長い営業距離を持つ。

北神線の新神戸駅と谷上駅は隣同士の駅で、駅間は7.5kmもあるが、途中駅は備えられていない。地下鉄の中でも日本一駅間が長い区間であり、両駅間の所要時間も8分ほどかかる。終点の谷上駅は、六甲山西北部の丘陵地で標高244ｍあり、

これも日本一標高の高い地下鉄の地上駅として有名である。

車両

　開業時から活躍する1000形は、登場当初から冷房装置を搭載し、回生ブレーキ付きの電機子チョッパ制御の車両である、アルミ製の19ｍ級車体で、片側に3つの扉を持つ。19ｍ車体は、関西ではスタンダートで、阪急電鉄や山陽電鉄、大阪メトロの車両も同一のサイズだ。

　計画の段階では、6両編成の運行を予定したが、当時の輸送量を踏まえ、経済的な観点からひとまず4両編成からスタートとなった。

　前面のスタイルは、中央に貫通扉を配し、腰部に前照灯・尾灯が縦に並ぶ左右対称の顔つきで、窓が大きく未来的なデザインである。カラーリングは、薄緑をベースに緑のラインカラーが入り、全体的に路線識別色のグリーンを基調とした塗装が施されている。

　当時の最新技術を満載に導入した車両で、地下鉄で初めて、冷房装置を搭載したことや、制御装置は回生ブレーキ付き

開業時に登場した1000形は置き換えが進められ2023年8月に定期運行を終えた

電機子チョッパ制御を採用。また、京阪神で初めて本格的に ATO 自動運転を導入した車両である。延伸が進むたびに増結が行われ、現在は 6 両編成で運行されている。

　2000 形は、1988（昭和 63）年 2 月 26 日より運行を開始、北神急行直通を機に導入された形式で、西神・山手線の増備車として登場した。デザイン的には、同時期に登場した北神急行（現在は神戸市営）7000 形に近い。全部で 6 両編成 4 本が製造された。

　アルミ製 19ｍ 車両という部分は 1000 形と変わらないが、前面のスタイルが大きく変わった。丸みの印象が強かった 1000 形に対して、2000 形は窓配置、灯火類に至るまで角張ったデザインで、貫通扉も向かって左側にオフセットされ、運転台が広くなった印象だ。

　1993（平成 5）年 3 月 20 日に登場したのは 3000 形で、2000 形と同じく増備車として登場した。基本スタイルは継承しつつも、神戸市営地下鉄で初めて VVVF インバーター制御を採用した形式だ。6 両編成 6 本が製造されたが、2000 形と 3000 形はすでに引退しており、本線上で見ることはできない。先代の 1000 形は今もなお活躍しているが、遠からず、引退する予定である。

　現在の最新鋭車両は 6000 形で、2019（平成 31）年 2 月 16 日より運行を開始した。車体はアルミ製だが無塗装とし、ラインカラーである緑のラインを配している。これまで神戸市営地下鉄は、アルミ車体であっても塗装を施してきたが、この車両をもって、アルミの地肌を見せるデザインに変更となった。また、バリアフリーや快適性の向上、省エネを推進した車両で、将来のワンマン運転に対応した機器も備わっている。

　なお、2023 年 8 月 18 日のダイヤ改正によって、既存の 1000 形と北神急行で製造された 7000 形が引退し、6000 形に統一させ、バリアフリー化の向上を図った。

歴史

　神戸市の路面電車や給電事業の歴史は、1917（大正 6）年 8 月 1 日に神戸電気を買収し、神戸市電気局として路面電車を始めたことにさかのぼる。戦後、1964（昭和 39）年の 1 日の平均輸送人員は 36 万人をピークに減少をはじめ、急速に自動車が主役の交通体系に変化していった。神戸の市電は最終的に、1971（昭和 46）年 3 月 13 日に全廃となった。

　1969（昭和 44）年に開かれた都市交通事業審議会において、全長 36㎞の市営高速鉄道の導入が答申された。1971（昭和 46）年 10 月 15 日に名谷駅〜布引駅間の事業免許を取得し、同年 11 月 25 日に名谷駅〜新長田駅間で工事を開始した。

　最初に開業したのは、1977（昭和 52）年 3 月 13 日に神戸市営地下鉄西神線（名谷駅〜新長田駅間）。須磨ニュータウンと長田などの主要地域などを結んだ。

その後 1983（昭和 58）年 6 月 17 日には、神戸市営地下鉄山手線（新長田駅～大倉山駅間）が開業。さらに 1985（昭和 60）年に新神戸まで開業し、山手線との乗り換えによって山陽新幹線から歓楽街方面への乗り継ぎができるようになった。

1987（昭和 62）年には、神戸市営地下鉄西神延伸線（名谷駅～西神中央駅）が開業。ニュータウンと神戸中心地を結ぶ、地下鉄網が完成した。中心地では、JR 山陽本線や神戸高速鉄道線、阪急電鉄線などと乗り換えられ、関西の地下鉄路線の中でも、重要な路線となっている。

北神線は元々、北神急行電鉄として 1988（昭和 63）年に開業した。谷上駅で連絡する神戸電鉄有馬線の乗客を、神戸中心街へ短絡で輸送することを目的とした。

しかし、神戸電鉄、北神急行、神戸市営地下鉄と 3 つの事業者を跨ぐほか、北神急行線の初乗り運賃が 360 円（市営化直前の運賃）と高額で、思った以上に利用は伸びなかった。

運賃を下げるため、2018（平成 30）年に神戸市が、「北神線を西神・山手線と同じ市営で運営したい」という意向を示し、2020（令和 2）年 6 月 1 日から、北神線を公営化。「神戸市営地下鉄北神線」となった。これにより、谷上駅～三宮駅間の運賃が 540 円から 280 円に値下げされた。

神戸市営地下鉄●西神（西神延伸線）・山手線、北神線

路線名	駅名	営業キロ	ナンバリング	駅の構造	開業日	ホームドア	備考
北神線	谷上	7.5	S01	地下	1988（昭和 63）4.2	○	北神急行電鉄の駅として開業
	新神戸	0.0	S02	地下	1985（昭和 60）6.18	○	
	三宮	1.3	S03	地下	1985（昭和 60）6.18	○	
	県庁前	2.2	S04	地下	1985（昭和 60）6.18	○	開業時は山手（県庁前）1993（平成 5）3.20 改称
山手線	大倉山	3.3	S05	地下	1983（昭和 58）6.17	○	
	湊川公園	4.3	S06	地下	1983（昭和 58）6.17	○	
	上沢	5.3	S07	地下	1983（昭和 58）6.17	○	
	長田	6.1	S08	地下	1983（昭和 58）6.17	○	
	新長田	7.6	S09	地下	1977（昭和 52）3.13	○	
西神線	板宿	8.8	S10	地下	1977（昭和 52）3.13	○	
	妙法寺	11.7	S11	地上	1977（昭和 52）3.13	×	
	名谷	13.3	S12	地上	1977（昭和 52）3.13	○	
	総合運動公園	15.1	S13	地上	1985（昭和 60）6.18	○	
西神延伸線	学園都市	16.8	S14	地上	1985（昭和 60）6.18	○	
	伊川谷	18.4	S15	地上	1987（昭和 62）3.18	○	
	西神南	20.1	S16	地上	1993（平成 5）3.20	○	
	西神中央	22.7	S17	地上	1987（昭和 62）3.18	○	

駅の開業日は北神・山手・西神・西神延長線の駅としての開業
ホームドアの状況は 2023 年 7 月 7 日現在

海岸線

概要

　海岸線は、兵庫県神戸市長田区の新長田駅を起点に、同中央区の三宮・花時計前駅までを結ぶ、全長 7.9 kmの路線で、ラインカラーはブルー、路線記号は K である。路線名の「海岸線」という名前から、愛称の「夢かもめ」と呼ばれている。

　三宮・花時計前駅〜みなと元町駅〜和田岬駅〜新長田駅と、中華街や臨海工業地帯、観光地などを経由するバラエティー豊かな路線でありながら、開業から 20 年以上経つ現在まで、一度も黒字になったことはなく、利用低迷が続いている路線だ。

　新長田駅では、JR 山陽本線神戸線や西神・山手線と乗り換えられる。終点の三宮・花時計前駅では、JR 三ノ宮駅、西神・山手線の三宮駅とも距離が離れており、徒歩移動で乗り換える形になっている。また和田岬駅では、JR 和田岬線と連絡するが、この路線は平日・休日ともに日中の運転はなく、休日は朝夕に各 1 往復のみの計 2 往復しか運転されていないため乗り換え駅とは言いがたい。

　後に新神戸方面への延伸も計画していたが、利用者低迷により現時点では、開業時期などの具体的な構想は発表されていない。沿線利用者の増加を狙った利用促進として、「乗つ得 1day パス」や実証実験として隣の駅までの運賃を半額にする「1 キロきっぷ」などの企画乗車券を販売するが、思ったよりも効果が出ず、1 キロきっぷに至っては、本格導入されなかった。

車両

　開業時から使用されているのは 5000 形 1 形式で、建設費用を削減するために、ミニ地下鉄方式を採用している。鉄輪式のリニアモーター式で、トンネルも小断で作られており、車両も 16 m 弱と小さい。

　車体はアルミ製で、片側 3 扉を備える。アルミ製だが無塗装とせず、全体を白地（ビーチアイボリー）にグリーン帯、さらに海岸線のラインカラーであるマリンブルーを巻いている。

　デザインは、丸みのある親しみやすいデザインで、「快適であたたかさが感じられる」「人に優しく環境に優しい」「飽きのこないシンプルなデザイン」「省コスト、省メンテナンスを考えたインテリジェント車両」というコンセプトが挙げ

られている。

　4両編成全てが電動車で、将来を見込んで6両編成まで増結できるように準備がされている。現在は10本が運用されている。

歴史

　1989（平成元）年、神戸市の運輸政策審議会において、新長田駅〜和田岬駅〜三宮駅〜新神戸駅間を、2005（平成17）年までに整備する路線として答申されたのがはじまりである。1993（平成5）年4月26日に事業免許が交付された。

　元々は神戸ポートライナーのような新交通システム（AGT）での運行も視野に入れていたが、将来的な需要を見込んで、鉄輪式リニアモーター駆動の「ミニ地下鉄」となった。

　まず1994（平成6）年4月19日に、三宮・花時計前駅〜新長田駅間の建設工事が始まったが、1995（平成7）年1月17日に阪神・淡路大震災が発生した。建設中だった海岸線に人的被害はなかったが、西神・山手線の新長田駅や三宮駅付近のコンコース、柱などの損傷具合が著しく、復旧が急務だったため、海岸線の建設工事は一時中断となった。当初の予定では、開業は1999（平成11）年の予定だったが、遅れて2年後の2001（平成13）年7月7日に開業となった。

　計画輸送人員では、1日平均13万5千人を予想し、採算を取る予定であったが、沿線のショッピングモールが思うように集客できず、予想の半分くらいで止まっている。予定されていた新神戸駅方面への延伸がどうなるか、また、三宮駅の延伸など今後の行方が気になる路線である。

神戸市営地下鉄●海岸線

駅名	営業キロ	ナンバリング	駅の構造	開業日	ホームドア	備考
新長田	0.0	K10	地下	2001（平成13）7.7	×	
駒ケ林	0.6	K09	地下	2001（平成13）7.7	×	
苅藻	1.4	K08	地下	2001（平成13）7.7	×	
御崎公園	2.2	K07	地下	2001（平成13）7.7	×	
和田岬	3.3	K06	地下	2001（平成13）7.7	×	
中央市場前	4.2	K05	地下	2001（平成13）7.7	×	
ハーバーランド	5.6	K04	地下	2001（平成13）7.7	×	
みなと元町	6.6	K03	地下	2001（平成13）7.7	×	
旧居留地・大丸前	7.4	K02	地下	2001（平成13）7.7	×	
三宮・花時計	7.9	K01	地下	2001（平成13）7.7	×	

駅の開業日は海岸線の駅としての開業日
ホームドアの状況は2023年9月1日現在

九州エリア

福岡市地下鉄

空港線・箱崎線／七隈線

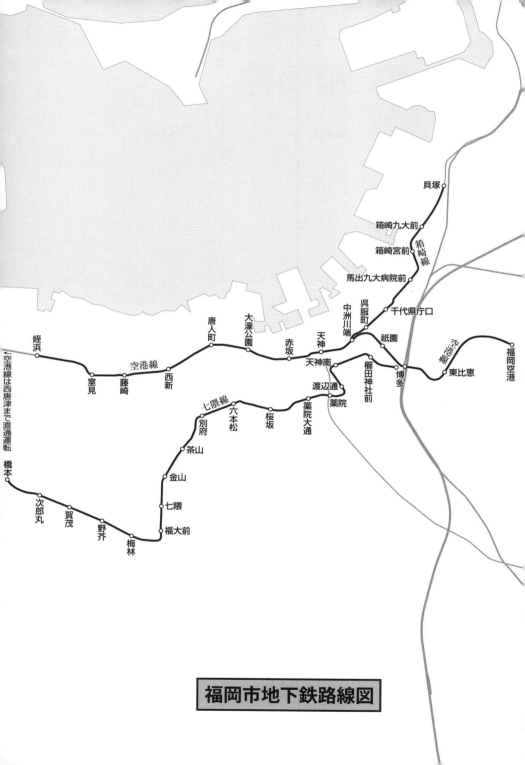

福岡市地下鉄路線図

空港線・箱崎線

概要

福岡市地下鉄空港線（1号線）は、福岡県福岡市西区の姪浜駅から同市博多区の福岡空港駅までを結んでいる。路線名は空港線（1号線）で、ラインカラーはオレンジ、路線記号はKである。

1981（昭和56）年7月26日に室見駅〜天神駅間が開業し、セミステンレス製の1000系が運行を開始した。当初から国鉄（現・JR九州）の筑肥線との相互直通運転が計画されていたため、20m級の片側4扉車体で設計された。軌間も国鉄に合わせた1067mmである。

現在は福岡空港駅〜姪浜駅間を運行し、JR九州筑肥線・唐津線と相互直通運転を行っており、西唐津駅まで運行されている。（原則として、西唐津駅まで運行されるのは、JR九州所属の車両のみ。）また、福岡市営地下鉄・箱崎線（2号線）との直通運転も行なっている。

箱崎線は空港線と接続する路線で、福岡県福岡市博多区の中洲川端駅から同市東区の貝塚駅までを結んでいる。路線名は箱崎線（2号線）で、ラインカラーは青、路線記号はHである。

この路線も空港線の構想と同じ時期に計画され、西日本鉄道（以後、西鉄）貝塚線との相互直通運転を目的にしていた。最初に開業したのは1982（昭和57）年4月20日。中洲川端駅〜呉服町駅間で、同日に延伸開業した空港線（天神駅〜中洲川端駅間）との相互直通運転を開始した。

現在は中洲川端駅〜貝塚駅間で運行され、使用される車両は空港線と共用で、1000系や2000系が使われている。ちなみにJR筑肥線からの直通列車の設定はなく、箱崎線内もしくは空港線直通で、完結するダイヤ設定になっている。

また、西鉄貝塚線との直通運転計画は、箱崎線側の輸送力低下によって、線路の改良など設備投資を考えると費用対効果が望めないと考えた西鉄が、消極的で実質のところ凍結状態になっている。

箱崎線は、利用促進の観点から実証実験が行われたことがある。1999（平成11）年11月21日〜2000（平成12）年1月30日まで、自転車が持ち込めた。サイクルトレインが地下鉄で運行されることは、極めて珍しかった。

車両

　1000系は、空港線と国鉄（現・JR九州）筑肥線と相互直通運転を計画し、国鉄と地下鉄双方の規格に合わせて設計された。当時の国鉄の車両設計事務所が計画に加わり、走行主要機器や内装などは、当時の通勤車両で最新鋭だった国鉄201系をお手本とした。例えば、制御装置は国鉄201系に倣って、電機子チョッパ制御を採用した。

　1981（昭和56）年2月頃に車両が完成し、続々と車両基地に搬入され始め、乗務員による習熟運転を始めた。直通先

の筑肥線は海岸が近く、塩害の影響を少なくするために、セミステンレス製（外板はステンレス・骨組みは普通鋼製）を採用した。翌年の8月1日には、1000系が鉄道友の会から贈られる「ローレル賞」を受賞。

　1000系は開業用に6両編成8本を導入、最終的に18本が製造された。登場から15年を経過した頃から老朽化が目立ち始め、リニューアル工事が順次行われた。リニューアルが終わった車両から、1000N系と形式変更をしている。

　1992（平成4）年には博多駅～福岡空港駅間の延伸開業に備えた2000系が

開業時から使用される1000形

空港線に乗り入れる JR 九州の 303 系

導入された。従来から使用されている1000 系の増備車両としての意味合いが強く、車両番号も 1000 系につ続く枝番が与えられた。

　車体はオールステンレス製で、1000 系のセミステンレス車体に比べると、2000系は骨組みまでステンレス製になり、その他も制御装置に VVVF インバーター制御装置を採用した。

　前面のスタイルも角形ライトをコンビネーションしたほか、前面の運転席窓もパノラミックウインドウ（曲面ガラス）を採用し、乗務員の視界を向上させている。2015 年末から順次マイナーチェンジが行われ、1000 系と同様に「New（新しい）」を表す 2000N 系が登場している。

　その他、JR 九州の筑肥線からは、開業当初は 103 系 1500 番台が乗り入れ、現在は JR 九州独自の形式である 303 系が乗り入れている。同系列は 1999（平成11）年から製造された。現在、JR 九州が保有する唯一の地下鉄直通車両で、軽量ステンレス製車体だが、前面は普通鋼製である。

歴史

　福岡市における地下鉄の建設は、1971（昭和 46）年 3 月の福岡市と北九州市が行った「都市交通審議会」答申第 12 号の「福岡市及び北九州市を中心とする北部九州都市圏における旅客輸送力の整備増強に関する基本計画について」から、高速鉄道の新路線が求められていた。

　同じ年の 10 月の「福岡都市圏交通対策協議会」にて具体案として計画されて、1974（昭和 49）年に、福岡市による地下鉄の路線計画を発表し、その中で 1 号

線（空港線）と2号線（箱崎線）の路線計画を行い、1975（昭和50）年11月12日に建設を開始した。

　最初に開業したのは、1981（昭和56）年7月26日に空港線（1号線）の室見駅〜天神駅間だった。翌年の4月20日には1号線（天神駅〜中洲川端駅）と2号線（中洲川端駅〜呉服町駅）が開業。両線で直通運転を開始した。

　1983（昭和58）年には、空港線の姪浜駅〜室見駅間、中洲川端駅〜博多駅間が開業。同日から国鉄筑肥線との相互直通運転が始まった。

　1984（昭和59）年1月20日に、国内の地下鉄としては初めて、営業列車でのワンマン運転が行われ、それに伴う改造

も施された。なお、国鉄から直通してくる103系1500番台は、ワンマン装置が未搭載だったため、引き続き車掌が乗務したが、303系ではワンマン運転が可能となっている。

　1986（昭和61）年に、2号線の馬出九大病院前駅〜箱崎九大前駅間が開業、同じ年の11月12日には箱崎九大前駅〜貝塚駅間が開業し、西鉄宮地岳線（現・西鉄貝塚線）との接続対応を開始した。1993（平成5）年には、博多駅〜福岡空港駅間が開業し、今まで1号線と2号線と路線名を呼称していたが、1号線を「空港線」、2号線を「箱崎線」とした愛称が付いた。

福岡市地下鉄●空港線・箱崎線

路線名	駅名	営業キロ	ナンバリング	駅の構造	開業日	ホームドア	備考
空港線	姪浜	0.0	K01	地上	1983（昭和58）3.22	○	
	室見	1.5	K02	地下	1981（昭和56）7.26	○	
	藤崎	2.3	K03	地下	1981（昭和56）7.26	○	
	西新	3.4	K04	地下	1981（昭和56）7.26	○	
	唐人町	4.6	K05	地下	1981（昭和56）7.26	○	
	大濠公園	5.4	K06	地下	1981（昭和56）7.26	○	
	赤坂	6.5	K07	地下	1981（昭和56）7.26	○	
	天神	7.3	K08	地下	1981（昭和56）7.26	○	
	中洲川端	8.1	K09	地下	1982（昭和57）4.20	○	
	祇園	9.1	K10	地下	1983（昭和58）3.22	○	
	博多	9.8	K11	地下	1983（昭和58）3.22	○	仮駅として開業
	東比恵	11.0	K12	地下	1993（平成5）3.3	○	
	福岡空港	13.1	K13	地下	1993（平成5）3.3	○	
箱崎線	中洲川端	0.0	H01	地下	1982（昭和57）4.20	○	
	呉服町	0.5	H02	地下	1982（昭和57）4.20	○	
	千代県庁口	1.2	H03	地下	1984（昭和59）4.27	○	
	馬出九大病院前	2.1	H04	地下	1984（昭和59）4.27	○	
	箱崎宮前	2.9	H05	地下	1986（昭和61）1.31	○	
	箱崎九大前	3.7	H06	地下	1986（昭和61）1.31	○	
	貝塚	4.7	H07	地上	1986（昭和61）11.12	○	

駅の開業日は空港線・箱崎線の駅としての開業日

七隈線

概要

　七隈線（3号線）は、福岡県福岡市西区に建設された橋本駅から同市博多区の博多駅までを結んでいる。ラインカラーは緑色、路線記号はNである。

　最初に開業したのは、2005（平成17）年2月3日の橋本駅〜天神南駅間。建設は小断構造のトンネルで完成し、車両は東京の大江戸線などと同様に、鉄輪式リニアモーターを採用した「ミニ地下鉄」で運行されている。

　現在は橋本駅〜博多駅を結ぶ路線として、終点の博多駅ではJR線（在来線・新幹線）のほかに、同局の空港線とも乗り換えが可能である。なお、鉄輪式リニアモーター駆動という条件から、他社線との相互直通運転は想定しておらず、その代わりに福岡空港国際線ターミナルまでの延伸が計画されている。ちなみに七隈線という名称は、福岡市城南区にある古くから交通の要所だった地名で、七車から来ているとも言われる。

車両

　3000系は、2005（平成17）年の天神南駅〜橋本駅間の開業に合わせて導入された。車体はアルミ合金製で、片側3扉、16.5m（先頭車は16.75m）が採用されている。鉄輪式リニアモーター駆動のミニ地下鉄方式になっている。

　車体外観は丸みを帯びたデザインで、ドイツの工業デザイナーが担当した。白地ベースに窓周りは油山の稜線と路線識別色を表す緑に塗装され、前頭部には黄緑のラインが入っている。また、室見川の流れを表す水色の縞模様のラインが、車体下部に配され、空港線・箱崎線のイメージとは大きく変わったデザインになっている。

　現在のところ、4両編成で運行されているが、将来的な需要を含めて最大で6両編成に増結できる構造を持っている。さらにATO自動列車運転装置による無人運転も可能である。現在は、自動運転装置の動作監視員として、運転士が乗務している。

　小型車両ゆえに、車内は狭さを感じるが、座席の配置や運転室仕切りのデザインを工夫しており、圧迫感がなく、開放的な車内になっている。

　なお博多駅に延伸された際に、3000A系が導入されており、全4編成（4両編成）

リニア方式のミニ地下鉄車両 3000 系

で運行されている。3000A 系は、3000系の増備にあたる車両で、基本的に車体形状はそのままだが、窓周りがグリーンだった配色は、スカイブルー系に変更され、空港（空）をイメージしている。

　そもそも増備にあたっては、博多延伸開業により、空港線と乗り継ぎができるようになるため、「空港とつながる」というイメージを表している。また、コロナ禍に誕生したこともあり、感染症対策と収束後の街の発展を支える地下鉄をイメージし「希望の未来を示す、広く澄んだ青空」となっている。車内は、座席に座れる幅を変更するなど、人と人との距離を考慮した車両で、手すりや座席などに抗菌・抗ウイルス対策が施されている。

歴史

　空港線（1 号線）と同様に、1971（昭和 46）年 3 月に行われた都市交通審議会答申第 12 号において「高速鉄道路線の新設」という内容で、地下鉄などインフラの重要性が認識された。七隈線の具体的な進展が始まったのは、1989（平成元）年 10 月の九州地方交通審議会答申

第 4 号からだった。ここでは、西南部中央と都心部とを結ぶ、都心放射状の鉄軌道系輸送機関の導入について、地元自治体を含め検討を図る」と答申され、1992（平成 4）年より、「地下鉄 3 号線に関する本格的な導入調査」が実施された。

　具体的にルートが選定されたのは、1993（平成 5）年 4 月に行われた第 14 回福岡都市圏交通対策協議会地下鉄 3 号線計画の福岡市案で、ルートや構造形式について、検討されたのが始まりである。1994（平成 6）年 12 月には、当時の運輸省で地下鉄 3 号線（天神南駅～橋本駅間）が地下鉄事業として補助採択された。

　その後、具体的なルートと建設地について了承が取れ、1996（平成 8）年 12 月に天神南駅～橋本駅間を着工。2005（平成 17）年 2 月 3 日に、同区間が開業した。当時は空港線との乗り換えは、天神南駅と天神駅で行われていたが、改札外での乗り換えとなっていた。

　2023（令和 5）年 3 月 27 日に、天神南駅～博多駅間が開業。空港線とは博多駅で直接乗り換えができるようになり、天神南駅での乗り換え制度は廃止された。

福岡市地下鉄●七隈線

駅名	営業キロ	ナンバリング	駅の構造	開業日	ホームドア	備考
橋本	0.0	N01	地下	2005（平成 17）2.3	○	
次郎丸	1.0	N02	地下	2005（平成 17）2.3	○	
賀茂	1.7	N03	地下	2005（平成 17）2.3	○	
野芥	2.6	N04	地下	2005（平成 17）2.3	○	
梅林	3.4	N05	地下	2005（平成 17）2.3	○	
福大前	4.3	N06	地下	2005（平成 17）2.3	○	
七隈	4.9	N07	地下	2005（平成 17）2.3	○	
金山	5.7	N08	地下	2005（平成 17）2.3	○	
茶山	6.5	N09	地下	2005（平成 17）2.3	○	
別府	7.5	N10	地下	2005（平成 17）2.3	○	
六本松	8.3	N11	地下	2005（平成 17）2.3	○	
桜坂	9.2	N12	地下	2005（平成 17）2.3	○	
薬院大通	10.2	N13	地下	2005（平成 17）2.3	○	
薬院	10.8	N14	地下	2005（平成 17）2.3	○	
渡辺通	11.3	N15	地下	2005（平成 17）2.3	○	
天神南	12.0	N16	地下	2005（平成 17）2.3	○	
櫛田神社前	13.0	N17	地下	2023（令和 5）3.27	○	
博多	13.6	N18	地下	2023（令和 5）3.27	○	

駅の開業日は空港線・七隈線の駅としての開業日

その他の地下鉄の仲間

北総鉄道◇北総線

東葉高速鉄道◇東葉高速線

埼玉高速鉄道◇埼玉高速鉄道線

横浜高速鉄道◇みなとみらい線

広島高速交通◇広島新交通1号線（アストラムライン）

北総鉄道・北総線

概要

　北総鉄道も実際に利用される方や千葉県の方以外には、馴染みの少ない社名だとは思う。だが、都内から京成スカイライナーで成田空港を目指す時、私たちは知らず知らずの内に、北総鉄道を利用していることになる。

　スカイライナーは、京成高砂駅から北総線に乗り入れ、印旛日本医大駅（実際は小室駅までが北総鉄道の所有。公式HPではスクロールしないと小室駅〜印旛日本医大駅間が表示されない）を抜けて、成田空港に至るのだ。従って、北総線も都内から成田空港に向かう大動脈の一部であり、その使命は大きい。ラインカラーはブルーとライトブルー。駅ナンバーには「HS」を使う。

　会社の成り立ちがやや複雑で、京成電鉄のグループ会社として開業したものの、経営難に陥り、それを救済するために、沿線自治体や公共団体などが株主に加わり、第三セクターになった会社である。

　しかし、現在でも京成グループの看板は背負っている。あくまでも私見ではあるが、純民間企業で始まり、途中で第三セクターとなってしまったことから、会社は中庸な組織になり、複雑化した。

　さらに比較的近年に高規格で建設されたため、莫大な建設費を背負っていたことから、当然それらは運賃に反映され、「日本一高い運賃」という悪いレッテルを貼られ、訴訟問題にまで発展してしまった。個人的には、とても残念なことである。

　北総線としては先述の通り、京成高砂駅〜印旛日本医大駅間を走るが、京成高砂駅から京成線・都営地下鉄浅草線を介し、京浜急行線まで相互直通運転をしている。

車両

　北総鉄道の車両には、自社所有のものと京成電鉄などからのリース車両など、入り組んだ運用をされているので、ここでは純粋な自己所有の現役車両を主に記してみる。

　7300形は、1991(平成3)年から導入された18m級のステンレス車両である。同型の7800形は京成電鉄からのリース車両であり、ラインカラーがスカイブルーとイエローの同型車は、千葉ニュータウン鉄道9800形である。なお、北総7300形は京成3700形をベースに北総仕様としたものである。

　7500形は、2006(平成18)年から導

1991 年から導入された 7300 形

入された 18m 級ステンレス車。こちら
も京成 3000 形をベースに北総仕様で仕
上げられている。7500 形の導入により、
ゲンコツ電車と親しまれた 7000 形を置
き換えた。なお、同じ京成グループの千
葉ニュータウン鉄道 9200 形や、新京成
N800 形とも姉妹車である。

歴史

　1972（昭和 47）年 3 月の都市交通審
議会答申第 15 号・千葉県内から東京都
心への直結ルート路線を、京成電鉄が主
体となり、北総開発鉄道を設立し建設す
ることになった。工事は 1970 年代末に
完成する予定で着工したが、工期に大幅
な遅れが生じ、京成高砂駅〜印旛日本医
大駅の区間は 2000（平成 12）年に開業
している。

　2004（平成 16）年に北総鉄道と社名
変更し、京成高砂駅〜印旛日本医大駅間
を北総線と表示。2010（平成 22）年には、
印旛日本医大より成田空港への線路（成
田高速鉄道アクセス・成田空港高速鉄道）
が開業された。

東葉高速鉄道・東葉高速線

概要

　東葉高速線は、JR総武本線・武蔵野線とメトロ東西線が走る西船橋駅より新京成線と連絡する北習志野駅を経て、京成本線勝田台駅と隣接する東葉勝田台駅までを 16.2km の線路で結んでいる。

　自社車両では、東京メトロ東西線の中野駅まで直通運転を実施している。ラインカラーは、赤白橙の 3 色で、車両に明るく華を添えている。駅ナンバーは TR を使う。

　〇〇高速鉄道と高速を名乗る多くの鉄道会社は、第三セクターの鉄道会社である。この東葉高速鉄道も然りである。

　そもそも当線は、千葉県側から都内への輸送量が急激に増えたため、その対策の 1 つとして、旧・営団地下鉄東西線の千葉県側延伸路線として計画された。

　しかし、関係法規により営団線の著しい都外への敷設が難しかったため、沿線行政や近隣鉄道会社、金融機関などを巻き込んで設立された鉄道会社である。

　高規格路線として、全線を通して地下区間と高架区間で建設されたため、その費用も莫大な額になった。現在は債務もほぼ解消されたとはいえ、運賃の高さにその爪痕を残すことになってしまっている。

車両

　開業当初に用意された車両は 1000 形である。高規格に建設された路線上を走る、華やかなラインカラーをまとった電車ではあったが、やや古めかしさもあった。それもそのはずで、実は当時の営団地下鉄東西線で使用されていた営団 5000 系を整備し、自社のラインカラーで飾り上げた譲渡車だったからだ。

　これも先述の莫大な建設費のための対応策の 1 つであった。譲渡車とはいっても、元は営団車であるため素性は良く、約 10 年にわたって立ち上げ間もない東葉高速鉄道を支え 2006（平成 18）年に退役した。さらに、その素性の良さから、東葉高速鉄道での活躍を終えた後は、インドネシアに渡り、現地でも活躍をしている。

　2004（平成 16）年から、登場した 2000 系が現在の東葉高速鉄道の顔である。当車は乗り入れ先の東西線 05 系 13 次車をベースに製造されたが、諸般の事情により JR の保安装置が搭載されなかった。そのため、1000 形では三鷹まで乗り入れていたが、本形式より中野までの乗り入れとなった。

05系13次車をベースとした東葉高速2000系

歴史

　1972(昭和47)年の都市交通審議会答申第15号で、西船橋駅より北習志野を経て、勝田台に至る路線として答申される。1974(昭和49)年、営団地下鉄が同区間の敷設免許を申請するも、関係する法規や官民それぞれの思惑などで、計画が進展しなかった。

　1981(昭和56)年には、新規会社の東葉高速鉄道が同区間の敷設免許を申請したため、翌年早々に、営団地下鉄は免許申請を取り下げた。1984(昭和59)年、建設に着手したが、時世柄、用地の収用に時間がかかってしまった。わずか16.2kmの全線開業に漕ぎつけたのは、1996(平成8)年4月27日であった。

　答申から実に24年の歳月を要した。工期が伸びれば、費用も嵩む。その結果が、現在の運賃の高さである。このことは、今後の都市部での鉄道建設において、官民それぞれが真剣に、現実的なテーマと考えるべき課題であろう。

埼玉高速鉄道・埼玉高速鉄道線

概要

　埼玉高速鉄道線は、東京都北区の赤羽岩淵駅からさいたま市緑区の浦和美園駅までを結んでいる。埼玉高速鉄道のコーポレートカラーはブルーで、路線記号はSR である。

　愛称は、埼玉スタジアム線。筆者のような埼玉県出身者や、浦和レッズのファン以外には、知名度がやや低い埼玉高速鉄道。とはいえ、東京メトロ南北線と相互直通運転を実施しているといえば、首都圏の重要な交通手段の１つには変わりない。

　建設予定では、岩槻まで延伸することを現在進行形とし、さらに将来的には、蓮田を目指している。従来は、メトロ南北線を介して東急線日吉駅まで乗り入れ

9000 系をベースに自社発注の 2000 系

ていたが、2023（令和 5 ）年春、東急新横浜線開業によって、自社車両は新横浜駅まで直通運転を実施し、乗り入れている他社車両によっては、相鉄線海老名駅や湘南台駅までのロングラン列車も登場した。

　知名度とは相反し、埼玉県南部から神奈川県中央部までを結ぶ首都圏の大動脈の 1 つであり、今後の延伸が期待されている路線である。

車両

　開業時より自社発注の 2000 系（6 両編成）10 本を所有し、運行している。2000 系は乗り入れ先の営団（現・東京メトロ）9000 系をベースに製造された。全車が浦和美園駅に隣接する車両基地の所属である。

　車体は、アルミニウム合金製で無塗装であるが、腰部にコーポレートカラーのブルーと、グリーンのラインを配している。基本的にワンマンで運転されるため、運転台にはワンマン機器や側面のモニターが装備されている。

　今回の新横浜駅までの乗り入れと、岩槻延伸に向けて、メトロ 17000 系をベースにした新型車両の増車計画があるらしいが、確定事項の情報が少ないので、これからの情報を楽しみにしたい。

歴史

　1962(昭和 37)6 月の都市交通審議会答申第 6 号において、目黒より赤羽方面への路線（現・南北線）が示され、その後の答申第 7 号では、当時の浦和市東部延伸が検討された。

　埼玉県部分においては、埼玉県・沿線 3 市・帝都高速度交通営団（現・東京メトロ）による第三セクター会社として設立され、南北線に合わせて工事を着工し、2001(平成 13) 年 3 月 2 8 日に開業。同日より南北線を介し、東急目黒線武蔵小杉駅まで相互直通運転を開始している。

　埼玉高速鉄道線の延伸については、岩槻駅までのルートが、具体的になっている。さいたま市が街づくりの方針で説明会を開くなど、事業化実現に向けて踏み出している。

　事業化の前提となる計画素案作りや、両駅間に建設が予定される中間駅周辺の街づくりの関係機関と協議を進めており、令和 5 年度末を予定している延伸に関する鉄道事業者への要請に向け、各種議論が行われている。

横浜高速鉄道・みなとみらい線

概要

　路線は、横浜駅を始発として、みなとみらい地区を横断し、元町・中華街駅までの 4.1km を全線地下区間で結ぶ。路線カラーは紺色、路線記号は MM である。ここでご紹介する横浜高速鉄道も、第三セクター鉄道の路線である。

　横浜の繁華街に近い港湾地区の再開発に合わせ、予定されている鉄道線を運行するため、横浜市や神奈川県、東急電鉄や金融機関などを中心に設立された。また、鉄道の利便性とネットワーク性を取り込み、横浜駅では東急東横線系統と相互直通運転を実施し、さらには東京メトロ副都心線を介して、遠くは西武池袋線系統や東武東上線系統までのロングランを果たしている。

　また、これらとは全く別系統で、地上区間のみを走る、こどもの国線を第三種鉄道事業者として運行しているが、本稿では、地下鉄である「みなとみらい線」のみを記す。

車両

　当路線は、2004(平成 16)年に開通した比較的新しい路線のため、現在でも開通時に就役した Y500 系が主である。こ

の Y500 系は、乗り入れ先の東急 5000 系と共通設計の姉妹車であり、外板色と細かな仕様を除いては、ほぼ同一である。

　8 両編成 6 本が製造されたが、事故により Y516 編成が除籍されており、不足する 1 編成を、東急 5156 編成に充当させ Y517 編成として譲受している。そのため、他の Y500 系 (Y511 〜 Y515) とは、若干の相違がみられるのが唯一の特徴である。

　その他は、東急車やメトロ車、東武車、西武車も乗り入れており、非常にバラエティー豊かな顔ぶれである。特に休日に西武 40000 系で運行される「S-TRAIN」は、全席指定席運用でクロスシート・トイレ付きと優等列車に相当する設備を持ち、西武秩父駅と元町・中華街駅を結んでいる。

歴史

　元々は、横浜市営地下鉄の支線部として計画されていた路線の一部を、1985(昭和 60)年の運輸政策審議会答申第 7 号で、新たに計画された路線に組み入れた形となった。当初は、東神奈川駅で国鉄線との接続なども考えられたが、当時は国鉄の民営化が目前に迫っており、混沌としていたこと、用地なども不

東急 5000 系と共通仕様の Y500 系

確実な要素があり、他社との協議も重ね、1 番現実的な東急線横浜駅での連絡に決まった。

　1989(平成元) 年、第三セクター横浜高速鉄道株式会社が設立。1992(平成 4) 年、第一工区 (みなとみらい駅〜元町・中華街駅) 着工から始まり、2004(平成 16) 年 2 月 1 日開業。同日より、東急東横線との相互直通運転を開始。その後、東京メトロ日比谷線や埼玉高速鉄道、都営地下鉄三田線からの臨時列車の乗り入れも開始したが、これらは概ね 2011(平成 23) 年頃をもって終了している。

　2013(平成 25) 年 3 月 16 日、東急線渋谷駅における東京メトロ副都心線との相互直通運転に伴い、当線も東横線より副都心線を介し、東武東上線系統・西武池袋線系統との相互直通運転を開始した。2023(令和 5) 年 3 月 18 日、S-TRAIN を除く列車のワンマン化を実施した。

広島高速交通・広島新交通1号線（アストラムライン）

概要

　他の項目で、○○高速鉄道と高速の名が付く場合は、第三セクターである場合が多いと記したが、この広島高速交通もまた然り、第三セクターの鉄軌道事業者である。

　鉄道と名乗らず交通としているのは、ゴムタイヤでの走行であるAGTであるため、広島の方たちの真面目さからのネーミングであると筆者は思う。

　第三セクターであり、広島市をはじめ広島にまつわる出資者の数も多く、プロ野球の「広島東洋カープ」も名を連ねる、まさに全員野球の路線である。ラインカラーは、山吹色（クロムイエロー）。駅ナンバーの表記は無い。

　路線は広島市の中心部・本通駅より郊外の広域公園前駅まで18.4kmを走る。このうち、高架区間は16.5km、地下区間は1.9kmとなっており、全線が県道や国道に沿って建設されている。

　冒頭に鉄軌道事業者と記したが、広域公園前駅から県庁前駅まで18.1kmが軌道、県庁前駅から本通駅まで0.3kmが鉄道となっている。これは建設時には、まだ国土交通省ではなく、道路関係は旧建設省、地下鉄関係は旧運輸省と別々の官庁が所管であった。そのための弊害で、

地上区間と地下への遷移区間が旧建設省、地下鉄区間が旧運輸省、という棲み分けから、建設費等の補助を受けるための工面先が違っていた。それゆえに、軌道と鉄道の2本立てを強いられたわけである。現在のように国土交通省1本ならば、このようなことも無かったのかも知れない。

車両

　開業時に用意された車両は、6000系である。6両編成で、高頻度運転のため、23本用意された。全長は8400mm（中間車）、全幅2380mm、全高3290mmで、全幅は一般的な路面電車の幅に近く、路面電車の街・広島の人々に、馴染みやすい空間を意識したように筆者は考える。

　車体は予想に反して、普通鋼製。外板腰部を白色に塗り、屋根部と前頭部は山吹色で飾られる。運転席は、右側に統一され、左側には非常口が設置されている。

　また6000系の増備車として、外観はほぼ同じで、制御方式がVVVFインバーターを採用した1000系と呼ばれる車両も、1999(平成11)年に1編成6両製造されたが、2020(令和2年)に登場した7000系と引き換えに、異端児だったためか、早々に廃車された。

開業時から使用される 6000 系

7000系は、全電動車だった6000系に対し、先頭車と中間車1両をT車として、3M 3Tとして組成、1000系(既廃車)と6000系(順次廃車予定)を置き換えるために製造された。

制御方式はVVVFインバーターとなり、全幅は6000系に比べ、裾絞り構造を採用したため、2441mmとわずかに広くなった。全高も数センチ高くなり、利用者にわずかながらも開放感を与えている。鋼体はアルミニウム合金が使われ、軽量化が図られている。塗色も従来のイメージを壊すことなく、塗分け箇所だけ変更して違和感なく、それでいて新鮮な表情を醸し出している。

歴史

1987(昭和62)年11月の中国地方交通審議会の答申において、深刻な交通問題が発生していた広島都市圏における抜本的な解決策のひとつとして、軌道系の交通機関の導入が位置づけられ、道路空間を利用し、新交通システムを整備することとなった。

翌月には、早々に広島市が51%を出資する第三セクター会社が設立された。1989(平成元)年2月に着工し、工期途中1991(平成3)年には、橋桁落下事故も発生し、通行人・作業員合わせて15名の尊い命を失うという痛ましい事故となったが、1994(平成6)年8月には、全線開業した。

Profile

渡部史絵●わたなべ・しえ

2006年から活動。月刊誌『鉄道ファン』や「東洋経済オンライン」の連載、書籍等で鉄道の有用性や魅力を発信。著書は20作を数え、『超！探求読本 誰も書かなかった東武鉄道』(河出書房新社)や『地下鉄の駅はものすごい』(平凡社)、『関東私鉄デラックス列車ストーリー』(交通新聞社)、『譲渡された鉄道車両』(東京堂出版)など多数。

●参考文献●『東京地下鉄道 建設史』各巻 帝都高速度交通営団／『東京地下鉄 副都心線建設史』東京地下鉄株式会社／『東京都交通局100年史』東京都交通局／『日本の地下鉄』日本地下鉄協会編 イカロス出版／『日本地下鉄協会会報 SUBWAY』第209号／『アルキメトロ』2023年 御堂筋線90周年記念号 Osaka Metro／『運転協会誌』各号 一般社団法人日本鉄道運転協会／『鉄道ファン』各号 交友社／『とれいん』各号 エリエイ／『鉄道ピクトリアル』各号 鉄道図書刊行会／『鉄道ジャーナル』各号 鉄道ジャーナル社／『鉄道ダイヤ情報』各号 交通新聞社／『地下鉄誕生』『首都東京 地下鉄の秘密を探る』『都営交通の世界』交通新聞社／『地下鉄の謎と不思議』東京堂出版／『地下鉄のヒミツ70』イカロス出版／『パンフレットで読み解く東京メトロ建設と開業の歴史』実業之日本社／『東京メトロのひみつ』PHP研究所／『東京メトロ知られざる超絶！世界：年間27億人を運ぶ地下鉄道のすべて』(KAWADE夢文庫)河出書房新社／『地下鉄の駅はものすごい』平凡社新書 その他各誌

写真	結解 学
編集	揚野市子(「旅と鉄道」編集部)
デザイン	ロコ・モーリス組
編集協力	後藤さおり
図版作成	ジェオ

北海道から九州まで、全国の地下鉄を路線別に徹底解説！

地下鉄の魅力大研究

2023年10月11日 初版第1刷発行

著 者	渡部史絵
発行人	藤岡 功
発 行	株式会社 天夢人
	〒101-0051 東京都千代田区神田神保町1-105
	https://www.temjin-g.co.jp/
発 売	株式会社 山と溪谷社
	〒101-0051 東京都千代田区神田神保町1-105
印刷・製本	大日本印刷株式会社

◎内容に関するお問合せ先
　「旅と鉄道」編集部 info@temjin-g.co.jp 電話03-6837-4680
◎乱丁・落丁に関するお問合せ先
　山と溪谷社カスタマーセンター service@yamakei.co.jp
◎書店・取次様からのご注文先
　山と溪谷社受注センター 電話048-458-3455 FAX048-421-0513
◎書店・取次様からのご注文以外のお問合せ先
　eigyo@yamakei.co.jp

・定価はカバーに表示してあります。
・本書の一部または全部を無断で複写・転載することは、
　著作権者および発行所の権利の侵害となります。